中级

Accountant

会计实务
得分宝典

**直击考点
轻松提分**

唐亚琦 编著

中国财富出版社有限公司

图书在版编目（CIP）数据

中级会计实务得分宝典/唐亚琦编著.—北京：中国财富出版社有限公司，2023.12
ISBN 978-7-5047-8025-6

Ⅰ.①中… Ⅱ.①唐… Ⅲ.①会计实务—资格考试—自学参考资料 Ⅳ.① F233

中国国家版本馆 CIP 数据核字 (2023) 第 236152 号

策划编辑	张 婷	责任编辑	张红燕 张 婷	版权编辑	李 洋
责任印刷	梁 凡	责任校对	孙丽丽	责任发行	董 倩

出版发行	中国财富出版社有限公司		
社　　址	北京市丰台区南四环西路 188 号 5 区 20 楼	邮政编码：	100070
电　　话	010 - 52227588 转 2098（发行部）	010 - 52227588 转 321（总编室）	
	010 - 52227566（24 小时读者服务）	010 - 52227588 转 305（质检部）	
网　　址	http://www.cfpress.com.cn	排　　版	北京丰月广告服务有限公司
经　　销	新华书店	印　　刷	西安秦汉印务有限公司
书　　号	ISBN 978-7-5047-8025-6/F·3616		
开　　本	889mm x1194mm1/16	版　　次	2024 年 1 月第 1 版
印　　张	10.75	印　　次	2024 年 2 月第 2 次印刷
字　　数	275 千字	定　　价	59.00 元（全 3 册）

版权所有·侵权必究·印装差错·负责调换

目录 CONTENTS

第一篇 基础必会篇
- 第一章 会计基础知识 …………………………………………………… 01
- 第二章 存货 …………………………………………………………… 02
- 第三章 固定资产 ……………………………………………………… 05
- 第四章 无形资产 ……………………………………………………… 09
- 第五章 投资性房地产 ………………………………………………… 12
- 第六章 资产减值 ……………………………………………………… 17

第二篇 冷门抢分篇
- 第一章 职工薪酬 ……………………………………………………… 19
- 第二章 借款费用 ……………………………………………………… 22
- 第三章 或有事项 ……………………………………………………… 24
- 第四章 政府补助 ……………………………………………………… 28
- 第五章 外币折算 ……………………………………………………… 30
- 第六章 会计政策、会计估计变更和差错更正 ……………………… 33
- 第七章 资产负债表日后事项 ………………………………………… 35

第三篇 冲刺高分篇
- 第一章 长期股权投资 ………………………………………………… 38
- 第二章 合并财务报表 ………………………………………………… 42
- 第三章 收入 …………………………………………………………… 46
- 第四章 金融资产 ……………………………………………………… 53
- 第五章 租赁 …………………………………………………………… 57
- 第六章 非货币性资产交换 …………………………………………… 61
- 第七章 债务重组 ……………………………………………………… 62
- 第八章 所得税费用 …………………………………………………… 65

第一篇 基础必会篇

第一章 会计基础知识

考点一：会计基本假设

（1）会计主体：是指企业会计确认、计量和报告的空间范围。

（2）持续经营：是指在可以预见的将来，企业将会按当前的规模和状态继续经营下去，不会停业，也不会大规模削减业务。

（3）会计分期：是指将一个企业持续经营的生产经营活动划分为一个个连续的、间隔相同的期间。（月度、季度、半年度、年度）

（4）货币计量：是指会计主体在财务会计确认、计量和报告时以货币计量，反映会计主体的生产经营活动。（最适合的）

考点二：会计信息质量要求

（1）可靠性：要求企业应当以实际发生的交易或者事项为依据进行确认、计量和报告，如实反映符合确认和计量要求的各项会计要素及其他相关信息，保证会计信息真实可靠、内容完整。（实事求是）

（2）可理解性：要求企业提供的会计信息应当清晰明了，便于投资者等财务报告使用者理解和使用。（说人话）

（3）可比性：

①纵向可比：要求同一企业不同时期发生的相同或者相似的交易或者事项，应当采用一致的会计政策，不得随意变更。（不忘初心，持之以恒）

②横向可比：要求不同企业发生的相同或者相似的交易或者事项，应当采用相同或者相似的会计政策，确保会计信息口径一致、相互可比，以使不同企业按照一致的确认、计量和报告基础提供有关会计信息。（公平的赛道）

（4）相关性：要求企业提供的会计信息应当与财务报告使用者的经济决策需要相关，有助于投资者等财务报告使用者对企业过去、现在或者未来的情况作出评价或者预测。相关性是以可靠性为基础的。（有价值的"员工"）

（5）重要性：企业提供的会计信息应当反映与企业财务状况、经营成果和现金流量有关的所有重要交易或者事项。企业应当根据所处环境和实际情况，从项目的性质和金额大小两方面加以判断。（不啰唆）

01

（6）及时性：要求企业对于已经发生的交易或者事项，应当及时进行确认、计量和报告，不得提前或者延后。（不墨迹）

（7）谨慎性：要求企业对交易或者事项进行会计确认、计量和报告时应当保持应有的谨慎，不应高估资产或者收益、低估负债或者费用。（不夸张）

（8）实质重于形式：要求企业应当按照交易或者事项的经济实质进行会计确认、计量和报告，不应仅以交易或者事项的法律形式为依据。（透过现象看本质）

第二章 存货

考点一：存货的范围

资产类别	解析	视角
房（房地产企业）	属于存货（持有目的为出售）	持有方
房（非房地产企业）	不属于存货（持有不为出售）	持有方
在途物资	属于存货（已取得控制权）	购买方
发出商品	属于存货（控制权未转移）	销售方
工程物资	不属于存货（持有不为出售）	持有方

考点二：存货的初始计量（确定入账金额）

1. 外购存货

购买价款	• 发票或账单上列明的价款 • 不含可抵扣的增值税进项税额
相关税费	• 购买存货发生的相关税费 • 如进口关税、消费税、资源税和不能抵扣的增值税进项税额及相关附加税等
其他费用（可归属于采购成本）	• 采购过程中至入库前发生的可归属于采购成本的其他费用 • 如运输费、装卸费、保险费、仓储费、包装费、运输途中的合理损耗、入库前挑选整理费等

【单选题】甲公司系增值税一般纳税人。2023 年 6 月 1 日，甲公司购买 Y 商品取得的增值税专用发票上注明的价款为 450 万元，增值税税额为 58.5 万元，甲公司另支付不含增值税的装卸费 7.5 万元。不考虑其他因素，甲公司购买 Y 商品的成本为（　　）万元。

A. 526.5　　　　B. 457.5　　　　C. 534　　　　D. 450

『正确答案』B

2. 委托加工存货

（1）非应税消费品的成本构成。

　　①实际耗用的原材料或者半成品成本；

　　②加工费；

　　③往返运杂费。

（2）应税消费品（收回后连续加工应税消费品）的成本构成。

　　①实际耗用的原材料或者半成品成本；

　　②加工费；

　　③往返运杂费。

【Tanya 提示】支付的消费税计入"应交税费——应交消费税"科目的借方。

（3）应税消费品（收回后直接销售或连续加工非应税消费品）的成本构成。

　　①实际耗用的原材料或者半成品成本；

　　②加工费；

　　③往返运杂费；

　　④支付的消费税。

项目	成本构成
外购的存货	买价
	运杂费（运输费、装卸费、保险费等）
	运输途中的合理损耗
	入库前的挑选整理费用（扣除可能存在的收入）
	税费（非增值税）
通过进一步加工取得的存货	实际耗用的原材料或者半成品
	支付的加工费、装卸费、保险费
	委托加工往返运费
	税费（非增值税）
其他方式取得的存货	投资者投入存货的成本，应当按照投资合同或协议约定的价值确定，但合同或协议约定价值不公允的除外

项目	计入的科目
材料入库后发生的储存费用	管理费用
生产用固定资产的折旧费、租赁费等	制造费用
超定额的废品损失	管理费用、营业外支出
因自然灾害发生的停工损失	营业外支出
因自然灾害造成的存货净损失	营业外支出
管理不善造成的净损失	管理费用
企业采购用于广告营销活动的特定商品	销售费用

考点三：存货的期末计量（存货减值）

1. 计量原则

（1）资产负债表日，存货应当按照成本与可变现净值孰低计量。

　　①存货成本＜可变现净值时，存货按成本计量；

　　②存货成本＞可变现净值时，应当计提存货跌价准备并计入当期损益。

（2）可变现净值，是指在日常活动中，存货的估计售价减去至完工时估计将要发生的成本、估计的销售费用以及相关税费后的金额。

（3）存货成本，是指期末存货的实际成本。

2. 不同情况下可变现净值的确定

（1）产成品、商品等直接用于出售的存货：

　　◆ 可变现净值＝估计售价－估计销售费用和相关税费

（2）针对需要经过加工的材料存货，需要综合判断：

材料价格下跌：
- 产成品可变现净值＞产成品成本 ★材料未减值
- 产成品可变现净值＜产成品成本
  - 可变现净值＝该材料所生产的产成品的估计售价－至完工估计将要发生的成本－估计销售费用和相关税费
- 关于售价问题
  - 为执行销售合同而持有的存货：存货售价＝合同价格
  - 企业持有的存货数量多于销售合同数量：超出部分的存货售价＝一般销售价格

3. 存货存在下列情形之一的，通常表明存货的可变现净值为零

（1）已霉烂变质的存货；

（2）已过期且无转让价值的存货；

（3）生产中已不再需要，并且已无使用价值和转让价值的存货。

4. 相关账务处理

（1）计提存货跌价准备：

　　借：资产减值损失

　　　　贷：存货跌价准备

（2）出售时结转存货跌价准备：

　　借：存货跌价准备

　　　　贷：主营业务成本

第三章　固定资产

考点一：固定资产的初始计量

1. 外购

购买价款、相关税费、使固定资产达到预定可使用状态前所发生的可归属于该项资产的运输费、装卸费、安装费和专业人员服务费等。

【Tanya 提示】不包括员工培训费。

2. 自营工程

（1）企业为建造固定资产准备的各种物资，包括工程用材料、尚未安装的设备以及为生产准备的工器具等，通过"工程物资"科目进行核算。

（2）工程物资应当按照实际支付的买价，运输费，保险费等相关税费作为实际成本，并按照专项物资的种类进行明细核算。

（3）工程达到预定可使用状态后,盘盈、盘亏、报废、毁损的工程物资,减去残料价值以及保险公司、过失人等赔款后的差额，计入当期损益。

（4）所建造的固定资产已达到预定可使用状态，但尚未办理竣工结算的，应当自达到预定可使用状态之日起，根据工程预算、造价或者工程实际成本等，按暂估价值转入固定资产，并按有关计提固定资产折旧的规定，计提固定资产折旧。待办理竣工决算手续后再调整原来的暂估价值，但不需要调整原已计提的折旧额。（先估后调）

3. 存在弃置费用的固定资产

（1）特殊行业的特定固定资产，对其进行初始计量时，还应当考虑弃置费用。弃置费用通常是指根据国家法律和行政法规、国际公约等规定，企业承担的环境保护和生态恢复等义务所确定的支出。

（2）企业应当将弃置费用的现值计入相关固定资产的成本，同时确认相应的预计负债。在固定资产的使用寿命内，按照预计负债的摊余成本和实际利率计算确定的利息费用，应当在发生时计入财务费用。

🌈 考点二：固定资产的后续计量

1. 固定资产折旧范围

（1）企业应对所有的固定资产计提折旧，但是，已提足折旧仍继续使用的固定资产和单独计价入账的土地除外。

【Tanya 提示 1】处于更新改造过程中的固定资产：不计提折旧。

【Tanya 提示 2】因大修理停用的固定资产：计提折旧。

【Tanya 提示 3】闲置固定资产：计提折旧。

（2）已达到预定可使用状态但尚未办理竣工决算的固定资产，应当按照估计价值确定其成本，并计提折旧；待办理竣工决算后再按实际成本调整原来的暂估价值，但不需要调整原已计提的折旧额。

（3）主观题重要考点：处于更新改造过程停止使用的固定资产，应将其账面价值转入在建工程，不再计提折旧。更新改造项目达到预定可使用状态转为固定资产后，再按照重新确定的使用寿命、预计净残值和折旧方法计提折旧。

2. 固定资产折旧计提方法

（1）直线法（年限平均法）。

（2）双倍余额递减法。

（3）年数总和法。

【双倍余额递减法】某企业一项固定资产的原价为 100 万元，预计使用年限为 5 年，预计净残值为 0.4 万元，按双倍余额递减法计提折旧。

应计提折旧额 = 100 − 0.4 = 99.6（万元）

第 1 ~ 3 年折旧率 = 2/5 × 100% = 40%

第一年应计提的折旧额 = 100 × 40% = 40（万元）

第二年应计提的折旧额 =（100 − 40）× 40% = 24（万元）

第三年应计提的折旧额 =（100 − 40 − 24）× 40% = 14.4（万元）

第四年起改用年限平均法：（最后两年变为直线法）

第四、第五年的年折旧额 =（100 − 40 − 24 − 14.4 − 0.4）/ 2 = 10.6（万元）

或第四、第五年的年折旧额 =（99.6 − 40 − 24 − 14.4）/ 2 = 10.6（万元）

【年数总和法】某企业一项固定资产的原价为 1 000 000 元，预计使用年限为 5 年，预计净残值为 4 000 元，按年数总和法计提折旧。

年份	尚可使用年限	原价−净残值（元）	变动折旧率	年折旧（元）	累计折旧（元）
1	5	996 000	5/15	332 000	332 000
2	4	996 000	4/15	265 600	597 600
3	3	996 000	3/15	199 200	796 800
4	2	996 000	2/15	132 800	929 600
5	1	996 000	1/15	66 400	996 000

🌈 考点三：固定资产的资本化支出与费用化支出

（1）固定资产发生可资本化的后续支出时，企业一般应将该固定资产的原价、已计提的累计折旧和减值准备转销，将其账面价值转入 在建工程，并停止计提折旧。

（2）固定资产投入使用之后，由于固定资产磨损、各组成部分耐用程度不同，可能导致固定资产的局部损坏，为了维护固定资产的正常运转和使用，充分发挥其使用效能，企业会对固定资产进行必要的维护。

①企业行政管理部门发生固定资产的费用化支出时，支出计入 管理费用。

②企业专设的销售机构发生固定资产的费用化支出时，支出计入 销售费用。

总之，固定资产更新改造支出不满足资本化条件时直接计入当期损益。

考点四：固定资产的处置

1. 固定资产转入清理

借：固定资产清理
　　累计折旧
　　固定资产减值准备
　贷：固定资产

2. 发生清理费用

借：固定资产清理
　　应交税费——应交增值税（进项税额）
　贷：银行存款

3. 取得清理收入

借：银行存款
　贷：固定资产清理
　　　应交税费——应交增值税（销项税额）

4. 获得保险公司、过失人等赔款

借：其他应收款
　贷：固定资产清理

5. 报废、毁损固定资产

借：固定资产清理
　贷：营业外收入

借：营业外支出
　贷：固定资产清理

6. 正常出售固定资产

借：固定资产清理
　贷：资产处置损益

借：资产处置损益
　贷：固定资产清理

第四章 无形资产

考点一：无形资产的初始计量

（1）企业取得的土地使用权，通常应当按照取得时所支付的价款及相关税费确认为无形资产。

（2）房地产开发企业取得的土地使用权用于建造对外出售的房屋建筑物的，其相关的土地使用权的价值应当计入所建造的房屋建筑物成本。

（3）企业外购房屋建筑物所支付的价款应当在土地使用权和地上建筑物之间进行分配；如果确实无法在土地使用权和地上建筑物之间进行合理分配的，应当全部作为固定资产，按照固定资产确认和计量的原则进行处理。

考点二：分期付款购买无形资产

（1）购买无形资产的价款超过正常信用条件延期支付，实质上具有融资性质的，无形资产的成本应以购买价款的现值为基础确定。

（2）实际支付的价款与购买价款的现值之间的差额作为未确认融资费用，在付款期间内采用实际利率法进行摊销，摊销金额除满足借款费用资本化条件应当计入无形资产成本外，均应当在信用期间内确认为财务费用。

考点三：土地使用权

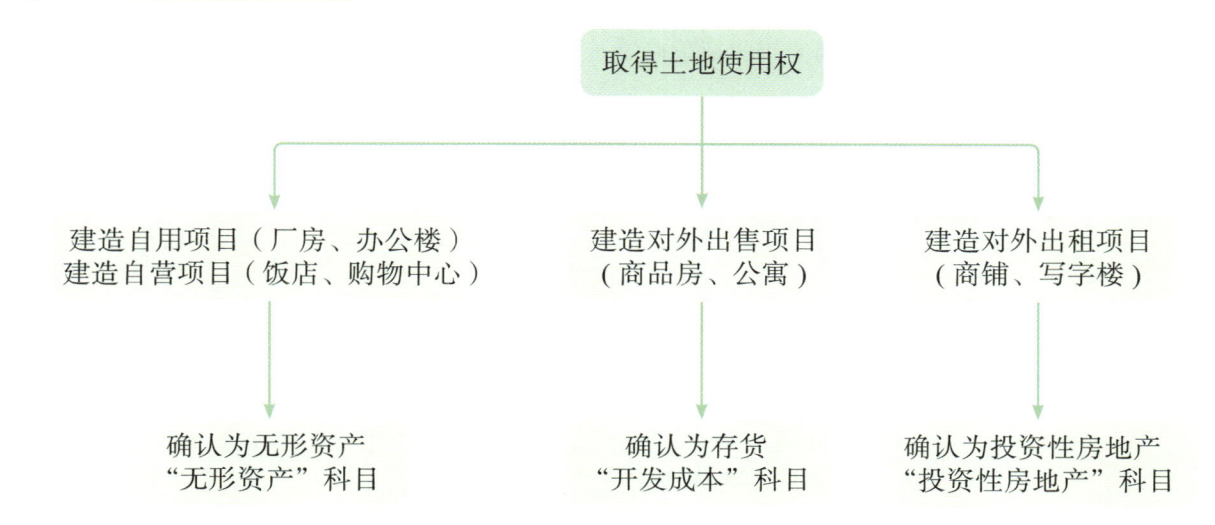

```
                        取得土地使用权
                              │
        ┌─────────────────────┼─────────────────────┐
        ▼                     ▼                     ▼
建造自用项目（厂房、办公楼）   建造对外出售项目      建造对外出租项目
建造自营项目（饭店、购物中心）  （商品房、公寓）      （商铺、写字楼）
        │                     │                     │
        ▼                     ▼                     ▼
   确认为无形资产          确认为存货           确认为投资性房地产
   "无形资产"科目          "开发成本"科目        "投资性房地产"科目
```

考点四：内部研究开发无形资产

无形资产	外购		借：无形资产 　　应交税费——应交增值税（进项税额） 贷：银行存款
	自行研发	研究阶段	借：研发支出——费用化支出 　　应交税费——应交增值税（进项税额） 贷：银行存款/原材料/应付职工薪酬 借：管理费用 贷：研发支出——费用化支出
		开发阶段 不符合资本化条件	
		开发阶段 符合资本化条件	借：研发支出——资本化支出 　　应交税费——应交增值税（进项税额） 贷：银行存款/原材料/应付职工薪酬 借：无形资产 贷：研发支出——资本化支出

考点五：无形资产的后续计量

1. 考试时一般用直线法计算无形资产摊销数额

2. 无形资产使用寿命的确定

（1）源自合同性权利或其他法定权利取得的无形资产，其使用寿命不应超过合同性权利或其他法定权利的期限，但如果企业使用资产的预期期限短于合同性权利或其他法定权利规定的期限，则应当按照企业预期使用的期限确定其使用寿命。

（2）无法预见无形资产为企业带来经济利益期限的，应当视为使用寿命不确定的无形资产；不需要进行摊销，但是需要进行减值测试。

（3）持有待售的无形资产不进行摊销，按照账面价值与公允价值减去处置费用后的净额孰低进行计量。

固定资产折旧	直线法（年限平均法）	年折旧额 =（原价 – 预计净残值）/ 使用年限
	工作量法	年折旧额 = [（原价 – 预计净残值）/ 总工作量] × 年度耗用量
	双倍余额递减法	• 年折旧额 =（原价 – 累计折旧）×2 / 预计使用年限 • 此时不考虑固定资产预计净残值 • 最后两年改成直线法，此时计提折旧基数 = 原价 – 累计折旧 – 预计净残值
	年数总和法	• 年折旧率 = 尚可使用年限 / 预计使用寿命的年数总和×100% • 计算年折旧率时，分子逐步减少，分母始终保持不变 • 年折旧额 =（原价 – 预计净残值）× 年折旧率

无形资产摊销	·使用寿命不确定的无形资产不应摊销 ·通常其残值应当视为零 ·应摊销金额（全新）=成本－预计净残值 ·应摊销金额（二手）=成本－已摊销金额－无形资产减值准备－预计净残值 ·无形资产摊销周期：当月增加（当月摊销）；当月减少（当月不摊销） ·固定资产计提周期：当月增加（当月不计提）；当月减少（当月计提）

🌈 考点六：无形资产的复核

（1）企业至少应当于每年年度终了，对无形资产的使用寿命及摊销方法进行复核，如果有证据表明无形资产的使用寿命及摊销方法不同于以前的估计，则对于使用寿命有限的无形资产，应改变其摊销年限及摊销方法，并按照会计估计变更进行处理。

（2）无形资产残值确定以后，在持有无形资产的期间内，至少应于每年年末进行复核，预计其残值与原估计金额不同的，应按照 会计估计变更 进行处理。如果无形资产的残值重新估计以后高于其账面价值的，则无形资产不再摊销，直至残值降至账面价值以下时再恢复摊销。

🌈 考点七：无形资产的减值测试

（1）对于使用寿命不确定的无形资产，在持有期间内不需要摊销，如果期末重新复核后价值仍不确定的，应当在每个会计期间继续进行减值测试。

（2）需要计提减值准备的，相应计提无形资产的减值准备，按无形资产的可收回金额低于其账面价值的差额，借记"资产减值损失"科目，贷记"无形资产减值准备"科目。

🌈 考点八：无形资产的出售和报废

1. 无形资产出售

【Tanya 提示】企业出售无形资产时，应将所取得的价款与该无形资产账面价值及相关税费的差额作为资产处置利得或损失，计入 资产处置损益（当期损益）。

借：银行存款
　　累计摊销
　　无形资产减值准备
　贷：无形资产
　　　应交税费——应交增值税（销项税额）
　　　资产处置损益（差额，可借可贷）

2. 无形资产报废

借：营业外支出（倒挤出的差额）

　　累计摊销

　　无形资产减值准备

　　贷：无形资产

【Tanya 提示】

项目	计入的项目
自用的地	无形资产
自用的房	固定资产
出租的房/地	投资性房地产
商品房	存货（开发成本，开发产品）

第五章 投资性房地产

考点一：投资性房地产的范围

范围	常见考点
已出租的土地使用权	①企业计划用于出租但尚未出租的土地使用权，不属于此类； ②以经营租赁方式租入土地使用权再转租给其他单位的，不属于此类
持有并准备增值后转让的土地使用权	按照国家有关规定认定的闲置土地，不属于此类
已出租的建筑物	①企业拥有产权并以经营租赁方式出租的建筑物； ②以经营租赁方式租入再转租的建筑物不属于投资性房地产； ③对企业持有以备经营出租的空置建筑物或在建建筑物，企业管理当局（董事会或类似机构）作出正式书面决议，明确表明将其用于经营出租且持有意图短期内不再发生变化，即使尚未签订租赁协议，也可视为投资性房地产； ④一般应自租赁协议规定的租赁期开始日起，经营租出的建筑物才属于已出租的建筑物； ⑤企业将建筑物出租，按租赁协议向承租人提供的相关辅助服务在整个协议中不重大的，应当将该建筑物确认为投资性房地产

考点二：投资性房地产的后续计量

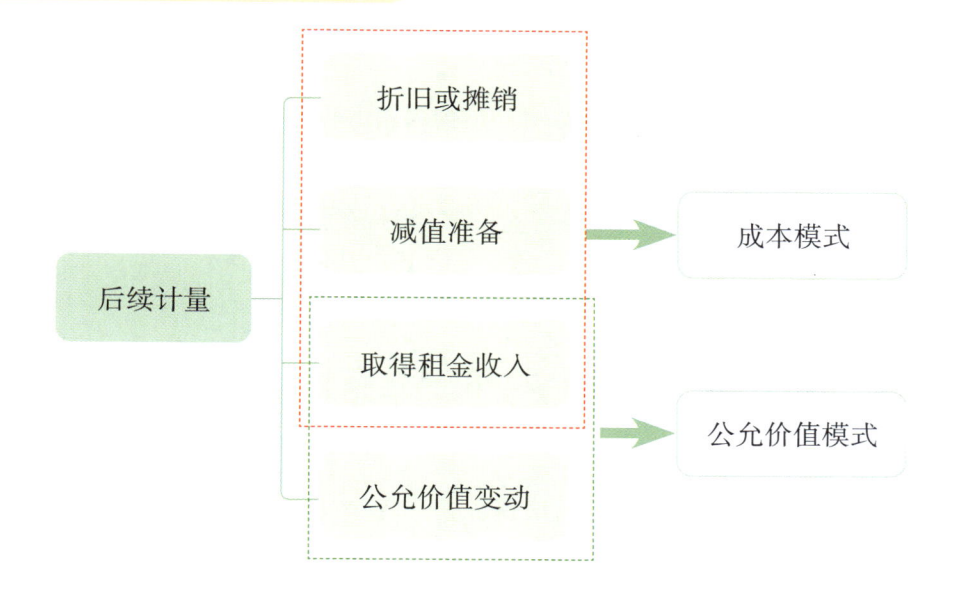

```
                ┌─ 折旧或摊销 ─┐
                │              │
                ├─ 减值准备 ───┼──→ 成本模式
 后续计量 ──────┤              │
                ├─ 取得租金收入┤
                │              ├──→ 公允价值模式
                └─ 公允价值变动┘
```

【Tanya 提示】投资性房地产的后续计量有成本和公允价值两种模式，通常应当采用成本模式计量，满足特定条件时也可以采用公允价值模式计量。但是，同一企业只能采用一种模式对所有投资性房地产进行后续计量，不得同时采用两种计量模式。

考点三：投资性房地产后续计量的账务处理

1. 成本模式

◆计提折旧或摊销

借：其他业务成本

　　贷：投资性房地产累计折旧（摊销）

◆取得租金收入

借：银行存款等

　　贷：其他业务收入

◆计提减值准备（不得转回）

借：资产减值损失

　　贷：投资性房地产减值准备

2. 公允价值模式

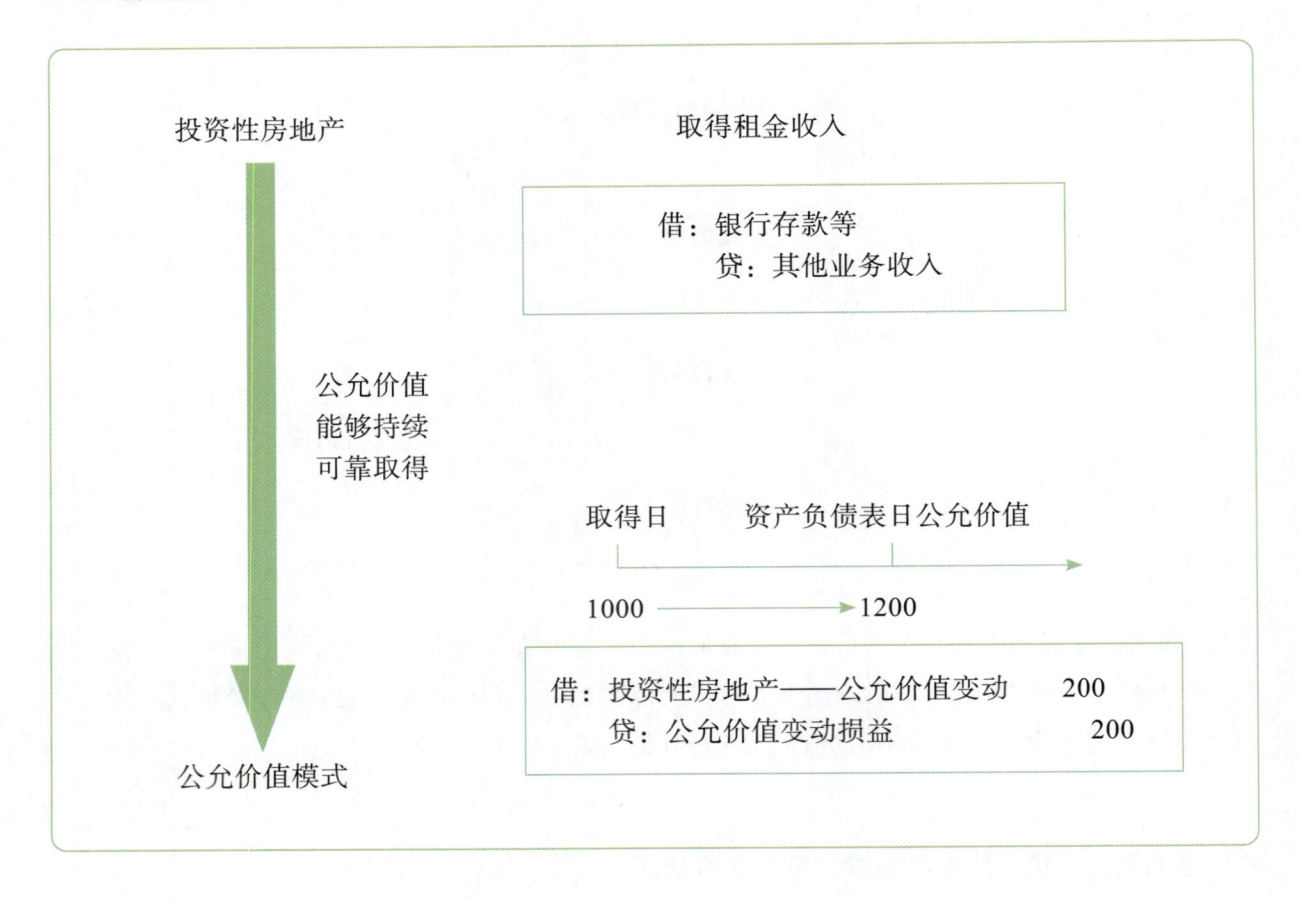

```
投资性房地产                取得租金收入

    │                    ┌─────────────────┐
    │                    │ 借：银行存款等   │
    │ 公允价值             │   贷：其他业务收入 │
    │ 能够持续             └─────────────────┘
    │ 可靠取得
    ▼                    取得日    资产负债表日公允价值
                         ├─────────────────►
                         1000  ──►  1200

公允价值模式              ┌──────────────────────────────┐
                         │ 借：投资性房地产——公允价值变动 200 │
                         │   贷：公允价值变动损益         200 │
                         └──────────────────────────────┘
```

考点	成本模式	公允价值模式
初始确认	投资性房地产	投资性房地产——成本
折旧或摊销	正常计提	★★★不计提
减值	正常计提	
公允价值变动	不确认	投资性房地产——公允价值变动

🌈 考点四：投资性房地产后续计量的模式转换

（1）不随意转换。

（2）只有一种转换模式：成本模式转公允价值模式。

（3）作为会计政策变更处理，调整期初留存收益。

考点五：投资性房地产的转换

情形	成本模式	公允价值模式
自用房地产转换为投资性房地产	（原转原、折转折、摊转摊、准转准） 借：投资性房地产 　　累计折旧 / 累计摊销 　　固定资产减值准备 / 无形资产减值准备 　贷：固定资产 / 无形资产 　　　投资性房地产累计折旧（摊销） 　　　投资性房地产减值准备	借：投资性房地产——成本（转换日的公允价值） 　　累计折旧 / 累计摊销 　　固定资产减值准备 / 无形资产减值准备 　　公允价值变动损益（倒挤，借差） 　贷：固定资产 / 无形资产 　　　其他综合收益（倒挤，贷差） 注：处置时，将其他综合收益、公允价值变动损益转入当期损益（其他业务成本）
存货转换为投资性房地产	借：投资性房地产（倒挤） 　　存货跌价准备 　贷：开发产品	借：投资性房地产——成本（转换日的公允价值） 　　存货跌价准备 　　公允价值变动损益（倒挤，借差） 　贷：开发产品 　　　其他综合收益（倒挤，贷差） 注：处置时，将其他综合收益、公允价值变动损益转入当期损益（其他业务成本）
投资性房地产转为自用房地产	借：固定资产 / 无形资产 　　投资性房地产累计折旧（摊销） 　　投资性房地产减值准备 　贷：投资性房地产 　　　累计折旧 / 累计摊销 　　　固定资产减值准备 / 无形资产减值准备	借：固定资产 / 无形资产（公允价值） 　贷：投资性房地产——成本 　　　　　　　　——公允价值变动（可借可贷） 　　　公允价值变动损益（可借可贷）
投资性房地产转为存货	借：开发产品（倒挤） 　　投资性房地产累计折旧（摊销） 　　投资性房地产减值准备 　贷：投资性房地产	借：开发产品（转换日的公允价值） 　贷：投资性房地产——成本 　　　　　　　　——公允价值变动（可借可贷） 　　　公允价值变动损益（差额，可借可贷）

考点六：投资性房地产的处置

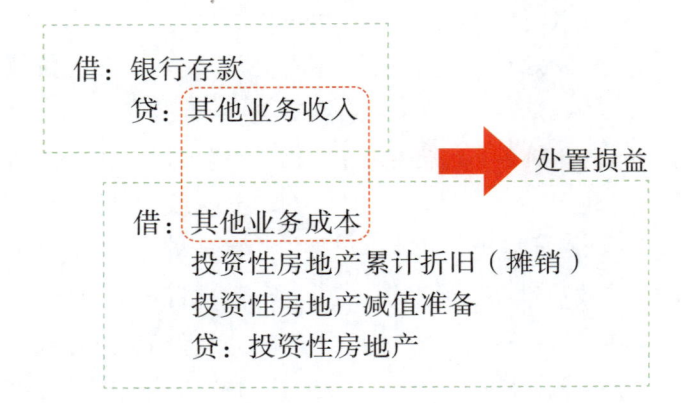

借：银行存款
　　贷：其他业务收入 　→ 处置损益

借：其他业务成本
　　投资性房地产累计折旧（摊销）
　　投资性房地产减值准备
　　贷：投资性房地产

1. 成本模式计量的投资性房地产的处置

借：银行存款
　　贷：其他业务收入
　　　　应交税费——应交增值税（销项税额）

借：其他业务成本
　　投资性房地产累计折旧（摊销）
　　投资性房地产减值准备
　　贷：投资性房地产

2. 公允价值模式计量的投资性房地产的处置

借：银行存款
　　贷：其他业务收入
　　　　应交税费——应交增值税（销项税额）

借：其他业务成本
　　贷：投资性房地产——成本
　　　　　　　　　　——公允价值变动

借：其他综合收益
　　贷：其他业务成本

借：公允价值变动损益
　　贷：其他业务成本（或作相反分录）

第六章 资产减值

考点一：资产减值的基本概念

1. 资产减值的范围

（1）对子公司、联营企业和合营企业的长期股权投资；

（2）采用成本模式进行后续计量的投资性房地产；

（3）固定资产（含在建工程）；

（4）生产性生物资产；

（5）无形资产（含研发支出）；

（6）探明石油天然气矿区权益和井及相关设施。

2. 资产即使未存在减值迹象，也应每年年末进行减值测试

（1）商誉；

（2）使用寿命不确定的无形资产；

（3）尚未达到可使用状态的无形资产。

考点二：资产减值的计算

1. 可收回金额

（1）计算确定资产的公允价值减去处置费用后的净额；

（2）计算确定资产未来现金流量的现值；

（3）企业应比较资产的公允价值减去处置费用后的净额与资产未来现金流量的现值，取其较高者作为资产的可收回金额；

（4）资产可收回金额低于账面价值的，应当计提减值准备，确认减值损失。

2. 处置费用

（1）可以直接归属于资产处置的相关费用，包括与资产处置有关的法律费用、相关税费、搬运费以及为使资产达到可销售状态所发生的直接费用等；

（2）财务费用和所得税费用不包括在内。

3. 资产未来现金流量的确定

（1）资产持续使用过程中预计产生的现金流入；

（2）为实现资产持续使用过程中产生现金流入所必需的预计现金流出；

（3）资产使用寿命结束时，处置资产所收到或者支付的净现金流量；

（4）以资产的当前状况为基础预计资产未来现金流量，不应当包括与将来可能会发生的、尚未作出承诺的 重组事项 或者与 资产改良 有关的预计未来现金流量；

（5）预计资产未来现金流量不应当包括 筹资活动 和 所得税收付 产生的现金流量。

考点三：资产减值的账务处理

（1）如果资产的可收回金额低于其账面价值的，计提相应的资产减值准备；

（2）资产减值损失确认后，减值资产的折旧或者摊销费用应当在未来期间作相应调整，以使该资产在剩余使用寿命内，系统地分摊调整后的资产账面价值（扣除预计净残值）；

（3）资产减值损失一经确认，在以后会计期间 不得转回。

考点四：资产组减值测试

（1）减值损失金额应当按照下列顺序进行分摊：

第一，抵减分摊至资产组中 商誉 的账面价值。

第二，根据资产组中除商誉之外的其他各项资产的账面价值所占比重，按比例抵减其他各项资产的账面价值。

第三，以上资产账面价值的抵减，应当作为各单项资产（包括商誉）的减值损失处理，计入当期损益。

（2）抵减后的各资产的账面价值不得低于以下三者之中最 高 者：

第一，该资产的公允价值减去处置费用后的净额。

第二，该资产预计未来现金流量的现值。

第三，零。

第二篇 冷门抢分篇

第一章 职工薪酬

考点一：职工薪酬范围及账务处理

短期薪酬	工资、奖金、津贴和补贴	计时工资、计件工资、奖金、津贴、物价补贴、加班加点工资
	社会保险费	医疗保险费、工伤保险费和生育保险费（包括商业保险，不包括养老保险和失业保险）
	公积金	住房公积金
	两费	工会经费和职工教育经费
	职工福利费	职工生活困难补助
	非货币性福利	将产品或外购商品作为福利发放给职工；提供住房、租赁资产供职工无偿使用
	短期带薪缺勤	年假、病假、婚假
	短期利润分享计划	基于经营成果给予员工薪酬

离职后福利	企业在职工退休或与企业解除劳动关系后，提供的各种形式的报酬和福利 ①设定受益计划：企业需要承担风险 ②设定提存计划：企业无须承担风险（养老保险和失业保险）
辞退福利	• 企业提前解除与职工的劳动关系而给予职工的补偿 • 企业为鼓励职工自愿接受裁减而给予职工的补偿
其他长期职工福利	长期带薪缺勤、长期残疾福利、长期利润分享计划

情形		会计处理
一般情形		借：生产成本 　　制造费用 　　管理费用 　　销售费用 　贷：应付职工薪酬
带薪缺勤 （可累积）		借：管理费用 　　制造费用 　　生产成本 　　销售费用 　贷：应付职工薪酬——带薪缺勤——短期带薪缺勤——累积带薪缺勤
带薪缺勤 （不可累积）		无账务处理

情形		会计处理
短期薪酬	• 医疗保险费 • 工伤保险费 • 生育保险费	借：生产成本——基本生产成本 　　制造费用 　　管理费用 　　销售费用 　贷：应付职工薪酬——社会保险费
离职后福利	• 养老保险 • 失业保险	借：生产成本——基本生产成本 　　制造费用 　　管理费用 　　销售费用 　贷：应付职工薪酬——设定提存计划——基本养老保险费 　　　应付职工薪酬——设定提存计划——失业保险

🌈 考点二：非货币性福利

情形	会计处理
自产产品	借：生产成本 　　管理费用 　贷：应付职工薪酬——非货币性福利 ★此处用的是含税价 ★如考题给出不含税价，要换成含税价	借：应付职工薪酬——非货币性福利 　贷：主营业务收入 　　　应交税费——应交增值税 　　　　（销项税额） 借：主营业务成本 　贷：库存商品

续表

情形	会计处理	
提供汽车	借：管理费用 　　贷：应付职工薪酬——非货币性福利	借：应付职工薪酬——非货币性福利 　　贷：累计折旧
提供住房（企业负担租金）	借：管理费用 　　贷：应付职工薪酬——非货币性福利	借：应付职工薪酬——非货币性福利 　　贷：银行存款

🌈 考点三：短期利润分享计划

1. 计量原则

　　因职工提供服务而与职工达成的基于利润或其他经营成果提供薪酬的协议。长期利润分享计划属于其他长期职工福利。

2. 账务处理（先计提后发放）

　　借：生产成本/管理费用/销售费用等
　　　　贷：应付职工薪酬

　　借：应付职工薪酬
　　　　贷：银行存款

🌈 考点四：辞退福利

1. 计量原则

　　企业在职工劳动合同到期之前解除与职工的劳动关系，或者为鼓励职工自愿接受裁减而给予职工的补偿。

2. 账务处理（先计提后发放）

　　借：管理费用
　　　　贷：应付职工薪酬

　　借：应付职工薪酬
　　　　贷：银行存款

第二章 借款费用

考点一：借款费用的范围

（1）借款利息；

（2）折价或者溢价的摊销额；

（3）辅助费用；

（4）因外币借款而发生的汇兑差额等。

承租人融资租入固定资产发生的未确认融资费用的摊销	√
分期付款购买固定资产发生的未确认融资费用的摊销	√
企业发行债券的相关费用的摊销	√
企业发行债券的折价或者溢价的摊销	√
企业发行股票的相关费用	×

考点二：借款费用资本化期间的确定

1. 借款费用开始资本化时点的确定（同时满足）

资产支出已经发生	包括支付现金、转移非现金资产和承担带息债务形式发生的支出，赊购形式发生的支出不属于资产支出
借款费用已经发生	已经发生了专门借款费用或者占用了一般借款费用
为使资产达到预定可使用或者可销售状态所必要的购建或者生产活动已经开始	符合资本化条件的资产实体建造或者生产工作已经开始

2. 借款费用暂停资本化时点的确定

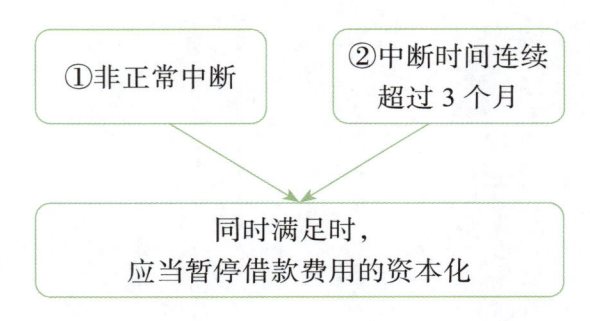

①非正常中断　　②中断时间连续超过3个月

↓　　　　　　↓

同时满足时，
应当暂停借款费用的资本化

购建过程中发生严重火灾	非正常中断
购建过程中由于资金短缺发生施工中断	非正常中断
由于发生重大安全事故导致施工中断	非正常中断
由于发生劳动纠纷引起的施工中断	非正常中断
由于缺乏工程物资导致停工	非正常中断
由于企业可以预见的不可抗力的因素导致的施工中断（雨季的大雨、北方冬季冰冻、沿海地区台风）	正常中断

3. 借款费用停止资本化时点的确定

（1）购建或者生产符合资本化条件的资产达到预定可使用或者可销售状态时，借款费用应当停止资本化。

（2）之后所发生的借款费用，应当在发生时根据其发生额确认为费用，计入当期损益。

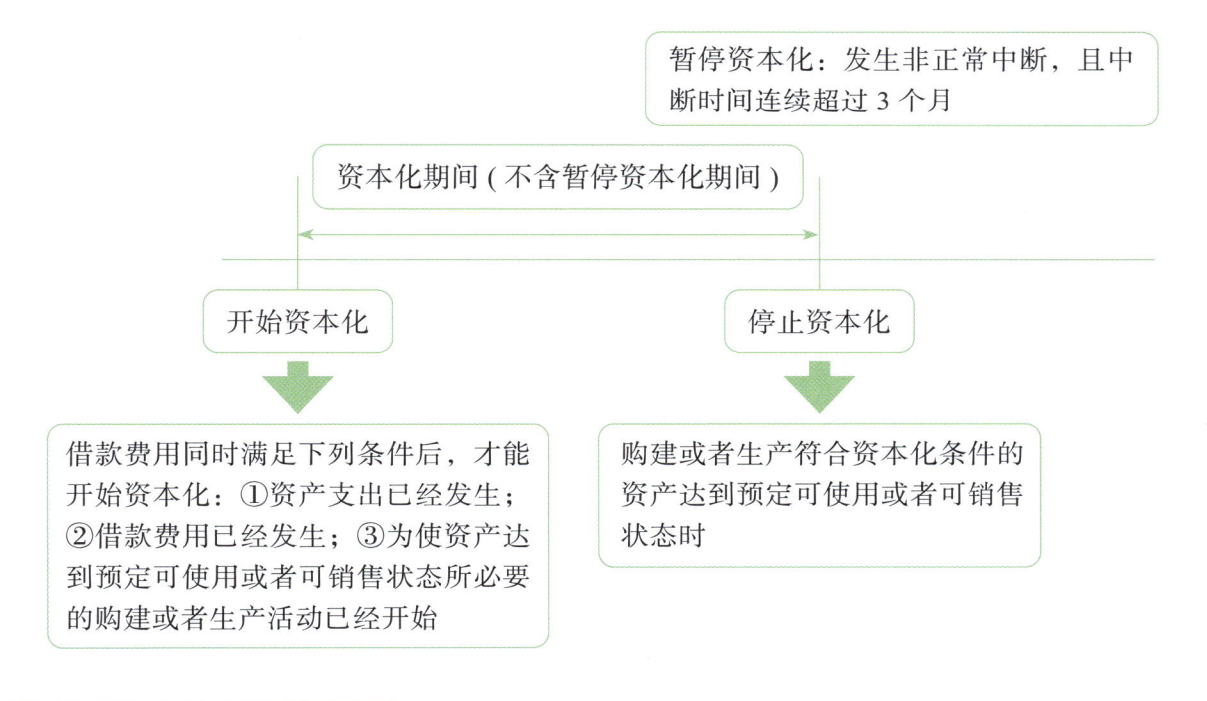

暂停资本化：发生非正常中断，且中断时间连续超过 3 个月

资本化期间（不含暂停资本化期间）

开始资本化

停止资本化

借款费用同时满足下列条件后，才能开始资本化：①资产支出已经发生；②借款费用已经发生；③为使资产达到预定可使用或者可销售状态所必要的购建或者生产活动已经开始

购建或者生产符合资本化条件的资产达到预定可使用或者可销售状态时

🌈 **考点三：借款费用的计量**

借款利息金额的确定

（1）专门借款。

①资本化金额 = 资本化期间的实际利息费用 – 资本化期间闲置资金收益

②费用化金额 = 费用化期间的实际利息费用 – 费用化期间闲置资金收益

（2）一般借款。

①一般借款利息费用资本化金额=累计资产支出超过专门借款部分的资产支出加权平均数×所占用一般借款的资本化率

②所占用一般借款的资本化率=所占用一般借款加权平均利率=所占用一般借款当期实际发生的利息之和/所占用一般借款本金加权平均数

③所占用一般借款本金加权平均数=$\sum$（所占用每笔一般借款本金×每笔一般借款在当期所占用的天数/当期天数）

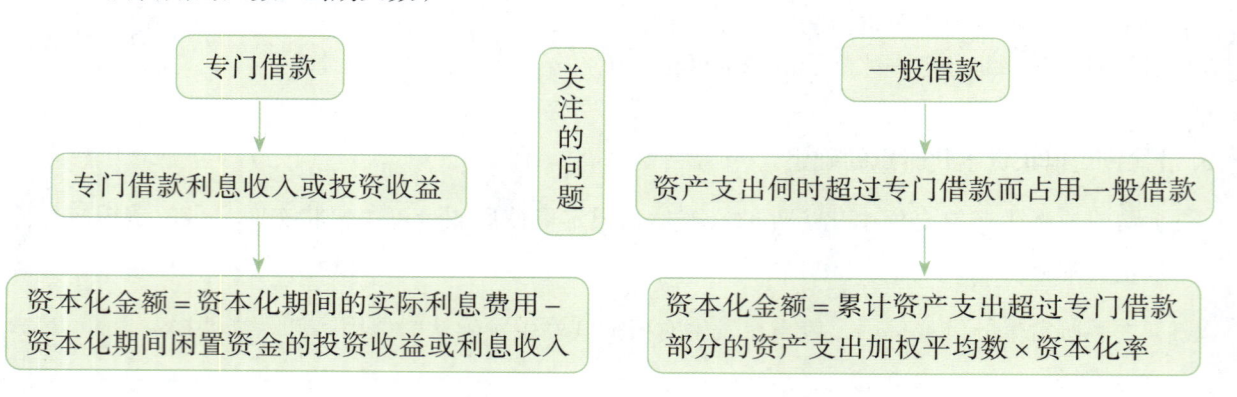

```
   专门借款                关注        一般借款
      ↓                   的           ↓
专门借款利息收入或投资收益    问   资产支出何时超过专门借款而占用一般借款
      ↓                   题           ↓
资本化金额=资本化期间的实际利息费用-      资本化金额=累计资产支出超过专门借款
资本化期间闲置资金的投资收益或利息收入     部分的资产支出加权平均数×资本化率
```

【Tanya 提示】考试思路总结。

分类	专门借款	一般借款
资本化金额	资本化金额=资本化期间专门借款**本金**发生的利息金额-资本化期间闲置资金的投资收益或利息收入 （与专门借款的<u>具体支出数无关</u>，资本化期间发生的全部利息费用均资本化）	资本化金额=累计资产支出<u>超过专门借款部分</u>的资产支出加权平均数×所占用一般借款的资本化率
费用化金额	费用化金额=费用化期间专门借款本金发生的利息金额-费用化期间闲置资金的投资收益或利息收入	费用化金额=一般借款利息总额-一般借款资本化利息费用-一般借款闲置资金的投资收益或利息收入 （★★★<u>闲置资金收益全部冲减费用化金额</u>）

第三章 或有事项

考点一：或有事项的基本概念

（1）或有事项是指过去的交易或者事项形成的，其结果须由某些未来事项的发生或不发生才能决定的不确定事项。

（2）或有事项的结果即使预计会发生，但发生的具体时间或金额具有不确定性。

（3）或有事项的结果只能由未来不确定事项的发生或不发生才能决定。

（4）或有事项分类。

　　①或有负债：履行该义务不是很可能导致经济利益流出企业或该义务的金额不能可靠计量，因而不能在报表中确认负债，只能在附注中披露。

　　②或有资产：属于潜在资产，不符合资产的确认条件，因而不能确认。企业通常不应当披露或有资产，或有资产只有在很可能导致经济利益流入企业时才能在附注中披露。

（5）或有负债和或有资产转化为预计负债和资产。

　　①或有负债：或有负债对应的潜在义务可能转化为现时义务，原本不是很可能导致经济利益流出的现时义务也可能被证实将很可能导致经济利益流出企业，并且现时义务的金额也能够可靠计量。在这种情况下，或有负债就转化为企业的预计负债，应当予以确认。

　　②或有资产：或有资产对应的潜在资产最终是否能够流入企业会逐渐变得明确，如果某一时点企业基本确定能够收到这项潜在资产并且其金额能够可靠计量，应当将其确认为企业的资产。

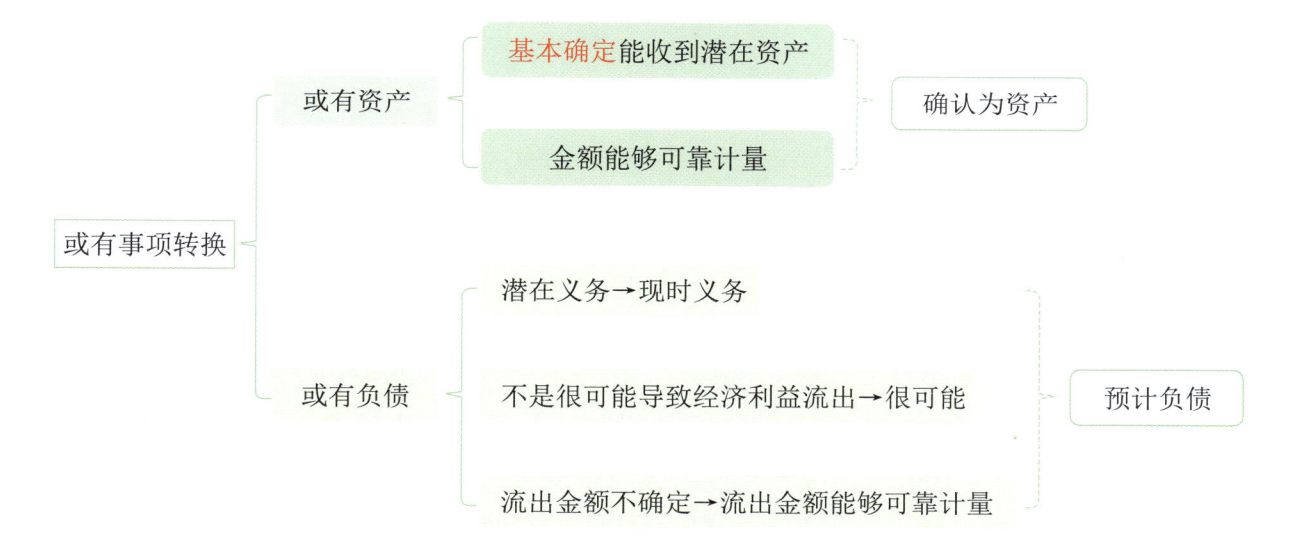

或有事项转换：
- 或有资产：**基本确定**能收到潜在资产 + 金额能够可靠计量 → 确认为资产
- 或有负债：潜在义务→现时义务；不是很可能导致经济利益流出→很可能；流出金额不确定→流出金额能够可靠计量 → 预计负债

🌈 考点二：或有事项的确认与计量

基本确定	大于95%但小于100%
很可能	大于50%但小于或等于95%
可能	大于5%但小于或等于50%
极小可能	大于0但小于或等于5%

是在企业当前条件下已承担的义务，企业没有其他现实的选择，只能履行该现时义务	导致经济利益流出企业的可能性超过50%，小于或等于95%	是指与或有事项相关的现时义务的金额能够合理地估计
①该义务是企业承担的现时义务	②履行该义务很可能导致经济利益流出企业	③该义务的金额能够可靠地计量

同时满足时，确认预计负债

🌈 考点三：考试经常涉及的或有事项业务

1. 未决诉讼或未决仲裁

（1）企业在前期资产负债表日，依据当时实际情况和所掌握的证据合理确定预计负债后，应当将当期实际发生的诉讼损失金额与已计提的相关预计负债之间的差额，直接计入或冲减当期营业外支出。

借：营业外支出

　　贷：预计负债

借：预计负债

　　营业外支出

　　贷：银行存款

（2）企业在前期资产负债表日，依据当时实际情况和所掌握的证据原本应当能够合理估计诉讼损失，但企业所作的估计却与当时的事实严重不符（如未合理预计损失或不恰当地多计或少计损失），应当按照重大前期差错更正的方法进行处理。

（3）企业在前期资产负债表日，依据当时实际情况和所掌握的证据，确实无法合理预计诉讼损失，因而未确认预计负债，则在该项损失实际发生的当期，直接计入当期营业外支出。

2. 债务担保

（1）资产负债表日：

借：管理费用（诉讼费）

　　营业外支出

　　贷：预计负债

（2）后续确定金额（实际承担担保责任）：

借：预计负债

营业外支出（借或贷）

贷：银行存款 / 其他应付款

3. 产品质量保证

（1）发生时：

借：预计负债

贷：银行存款

（2）计提时：

借：销售费用

贷：预计负债

【Tanya 提示】注意本部分内容与递延所得税结合出题。

4. 待执行合同变为亏损合同

（1）预计负债的计量应当反映退出该合同的最低净成本，即履行该合同的成本与未能履行该合同而发生的补偿或处罚两者之中较低者。

（2）待执行合同变为亏损合同时，合同存在标的资产的，应当对标的资产进行减值测试并按规定确认减值损失，此时，企业通常不需要确认预计负债；如果预计亏损超过减值损失的部分，那么超过的部分确认为预计负债。

① 对标的资产确认减值损失：

借：资产减值损失

贷：存货跌价准备

② 超过该减值损失的部分确认为预计负债：

借：营业外支出

贷：预计负债

（3）合同不存在标的资产的，亏损合同相关义务满足规定条件时，应当确认为预计负债：

借：营业外支出

贷：预计负债

🌈 考点四：重组事项

1. 重组事项的范围

（1）出售或终止企业的部分业务；

（2）对企业的组织结构进行较大调整；

（3）关闭企业的部分营业场所，或将营业活动由一个国家或地区迁移到其他国家或地区。

2. 与重组相关的支出

（1）自愿遣散、强制遣散：

　　借：管理费用

　　　　贷：应付职工薪酬

（2）不再使用的厂房的租赁撤销费：

　　借：营业外支出

　　　　贷：预计负债

【Tanya 提示】支出如与企业后续进行的经营活动相关，则不属于与重组相关的支出。

第四章　政府补助

🌈 考点一：政府补助的概念及主要范围

（1）政府补助是指企业从政府无偿取得货币性资产或非货币性资产。

（2）主要范围：政府对企业的无偿拨款、税收返还、财政贴息，以及无偿给予非货币性资产等。

（3）特别注意：直接减征、免征、增加计税抵扣额、抵免部分税额等不涉及资产直接转移的经济资源，不适用政府补助准则。

（4）增值税出口退税不属于政府补助。

🌈 考点二：政府补助的会计处理方法

1. 总额法

　　在确认政府补助时，将其全额一次或分次确认为收益（其他收益或营业外收入），而不是作为相关资产账面价值或者成本费用等的扣减。

　　借：银行存款

　　　　贷：递延收益

借：递延收益
　　贷：其他收益 / 营业外收入

2. 净额法

将政府补助确认为对相关资产账面价值或者所补偿成本费用等的扣减。

借：银行存款
　　贷：递延收益

借：递延收益
　　贷：管理费用 / 营业外支出

🌈 考点三：政府补助具体业务

1. 与资产相关的政府补助

（1）如果企业先取得与资产相关的政府补助，再确认所购建的长期资产，总额法下应当在开始对相关资产计提折旧或进行摊销时按照合理、系统的方法将递延收益分期计入当期收益；净额法下应当在相关资产达到预定可使用状态或预定用途时将递延收益冲减资产账面价值。

（2）如果相关长期资产投入使用后企业再取得与资产相关的政府补助，总额法下应当在相关资产的剩余使用寿命内按照合理、系统的方法将递延收益分期计入当期收益；净额法下应当在取得补助时冲减相关资产的账面价值，并按照冲减后的账面价值和相关资产的剩余使用寿命计提折旧或进行摊销。

（3）政府无偿给予企业的土地使用权和天然起源的森林（非货币性资产），企业应当按照公允价值或名义金额对类似补助进行计量。（此时没有净额法，由于企业并无实际支出）

2. 与收益相关的政府补助

（1）用于补偿企业以后期间的相关成本费用或损失的，确认为递延收益，并在确认相关费用或损失的期间，计入当期损益或冲减相关成本。

　　①总额法：递延收益——其他收益 / 营业外收入

　　②净额法：递延收益——管理费用 / 销售费用 / 生产成本 / 营业外支出

（2）用于补偿企业已发生的相关成本费用或损失的，直接计入当期损益或冲减相关成本。

　　①总额法：递延收益——其他收益 / 营业外收入

　　②净额法：递延收益——管理费用 / 销售费用 / 生产成本 / 营业外支出

3. 增值税即征即退政策（仅适用总额法）

借：银行存款
　　贷：其他收益

4. 综合性项目政府补助

（1）综合性项目政府补助，包含与资产相关的政府补助和与收益相关的政府补助，企业需要将其进行分解，并分别进行会计处理；

（2）难以区分的，应当将其整体归类为与收益相关的政府补助进行处理。

5. 政府补助退回的会计处理

（1）初始确认时冲减相关资产成本的，应当调整资产账面价值（净额法）；

（2）存在尚未摊销的递延收益的，冲减相关递延收益账面余额，超出部分计入当期损益；

（3）属于其他情况的，直接计入当期损益。

第五章 外币折算

考点一：记账本位币的确定

（1）该货币主要影响商品和劳务的销售价格，通常以该货币进行商品和劳务的计价及结算（收款）；

（2）该货币主要影响商品和劳务所需人工、材料和其他费用，通常以该货币进行上述费用的计价和结算（付款）；

（3）融资活动获得的货币以及保存从经营活动中收取款项所使用的货币；

（4）境外经营记账本位币的确定：

①境外经营对其所从事的活动是否拥有很强的自主性；

②境外经营活动中与企业（母公司）的交易是否在境外经营活动中占有较大比重；

③境外经营活动产生的现金流量是否直接影响企业（母公司）的现金流量、是否可以随时汇回；

④境外经营活动产生的现金流量是否足以偿还其现有债务和可预期的债务。

【Tanya提示】关键看境外经营业务与母公司的关联度，关联度高则采用与母公司同样的记账本位币，反之则采用当地货币作为记账本位币。（即不考虑母公司情况）

考点二：外币交易的会计处理

1. 会计处理原则

（1）对于发生的外币交易，应当将外币金额折算为记账本位币金额。

（2）外币交易应当在初始确认时，采用交易发生日的即期汇率将外币金额折算为记账本位币金额。

也可以采用按照系统合理的方法确定的、与交易发生日即期汇率近似的汇率折算。

（3）企业收到投资者以外币投入的资本，无论是否有合同约定汇率，均不得采用合同约定汇率和即期汇率的近似汇率折算，而是采用交易日即期汇率折算。

（4）资产负债表日及结算日。

①货币性项目。资产负债表日及结算日，应以当日即期汇率折算外币货币性项目。

②非货币性项目。资产负债表日，以历史成本计量的外币非货币性项目，仍采用交易发生日的即期汇率折算，不改变其记账本位币金额。

【Tanya 提示 1】对于以成本与可变现净值孰低计量的存货，如果其可变现净值以外币确定，则在确定存货的期末价值时，应先将可变现净值折算为记账本位币，再与以记账本位币反映的存货成本进行比较。

【Tanya 提示 2】对于金融资产，需注意区分不同情况。（后附详细说明）

【Tanya 提示 3】预收账款和预付账款、合同资产和合同负债均不满足货币性项目的定义，属于以历史成本计量的外币非货币性项目，企业在资产负债表日应当采用交易发生日的即期汇率折算，不产生汇兑损益。

2. 常见情形

（1）卖外汇。（将 100 万美元到银行兑换为人民币）

例：银行当日的美元买入价为 1 美元 = 6.95 元人民币，中间价为 1 美元 = 6.96 元人民币，卖出价为 1 美元 = 6.97 元人民币。

借：银行存款——人民币　　　(100×6.95) 695
　　财务费用　　　　　　　　　　　　　　1
　贷：银行存款——美元　　　(100×6.96) 696

【Tanya 提示】美元结算用中间价，人民币用买入价。

（2）买外汇。（以人民币购买 100 万美元）

例：银行当日的美元买入价为 1 美元 = 6.95 元人民币，中间价为 1 美元 = 6.96 元人民币，卖出价为 1 美元 = 6.97 元人民币。

借：银行存款——美元　　　　(100×6.96) 696
　　财务费用　　　　　　　　　　　　　　1
　贷：银行存款——人民币　　(100×6.97) 697

【Tanya 提示】美元结算用中间价，人民币用卖出价。

（3）应收及应付账款。

①资产负债表日产生的汇兑差额 =（外币账户期初余额 + 本期增加额 - 本期减少额）× 期末汇率 -（人民币账户期初余额 + 本期增加额 - 本期减少额）

②结算日产生的汇兑差额 = 外币账户余额 - 结算金额 × 结算日汇率

【案例】A 公司 1 月 2 日从国外购入原材料，货款共计 1 000 万美元，当日未付款。当日即期汇率为 1 美元 = 6.3 元人民币。假定 1 月末的即期汇率为 1 美元 = 6.26 元人民币，2 月末的即期汇率为 1 美元 = 6.29 元人民币，3 月末的即期汇率为 1 美元 = 6.33 元人民币。4 月 1 日支付货款，即期汇率为 1 美元 = 6.35 元人民币。

◆ 1 月末应付账款汇兑差额 = 1 000 ×（6.26 - 6.3）= -40（万元）

◆ 2 月末应付账款汇兑差额 1 000 ×（6.29 - 6.26）= 30（万元）

◆ 3 月末应付账款汇兑差额 = 1 000 ×（6.33 - 6.29）= 40（万元）

◆ 一季度汇兑差额 = 1 000 ×（6.33 - 6.3）= 30（万元）

（4）存货跌价准备。

①属于非货币性项目，无须考虑资产负债表日汇兑差额问题。

②存货成本：按照取得存货日的即期汇率确定。

③存货可变现净值：按资产负债表日的即期汇率确定。

（5）金融资产。

◆ 以公允价值计量的股票、基金等非货币性项目，如果期末的公允价值以外币反映，则应当先将该外币按照公允价值确定当日的即期汇率折算为记账本位币金额，再与原记账本位币金额进行比较，其差额作为公允价值变动损益，计入当期损益。（交易性金融资产——公允价值变动损益）

◆ 以公允价值计量且其变动计入其他综合收益的外币货币性金融资产形成的汇兑差额，应当计入当期损益。[其他债权投资（持有）——财务费用]

◆ 外币非货币性金融资产形成的汇兑差额，与其公允价值变动一并计入其他综合收益。[其他权益工具投资 / 其他债权投资（出售）——其他综合收益]

◆ 采用实际利率法计算的金融资产的外币利息产生的汇兑差额，应当计入当期损益。（债权投资——财务费用）

◆ 非交易性权益工具投资的外币现金股利产生的汇兑差额，应当计入当期损益。[其他权益工具投资（股利收益）——财务费用]

考点三：外币财务报表折算

（1）资产负债表中的资产和负债项目，采用资产负债表日的即期汇率折算，所有者权益项目除未分配利润项目外，其他项目采用发生时的即期汇率折算。

（2）利润表中的收入和费用项目，采用交易发生日的即期汇率或即期汇率的近似汇率折算。

（3）外币财务报表折算差额：将外币财务报表折算差额在资产负债表中所有者权益项目下单独列示（其他综合收益）；企业在处置境外经营时，应当将资产负债表中所有者权益项目下列示的、与该境外经营相关的外币报表折算差额，自所有者权益项目转入处置当期损益，**部分处置**境外经营的，应当按**处置比例**计算处置部分的外币财务报表折算差额，转入处置当期损益。

第六章 会计政策、会计估计变更和差错更正

考点一：会计估计变更的范围

（1）存货可变现净值的确定。

（2）固定资产的预计使用寿命与净残值，固定资产的折旧方法。

（3）使用寿命有限的无形资产的预计使用寿命与净残值。

（4）可收回金额按照资产组的公允价值减去处置费用后的净额确定的，确定公允价值减去处置费用后的净额的方法；可收回金额按照资产组预计未来现金流量的现值确定的，预计未来现金流量的确定。

（5）建造合同或劳务合同履约进度的确定。

（6）公允价值的确定。

（7）预计负债初始计量的最佳估计数的确定。

（8）应收账款坏账计提比例。

【Tanya 提示】关键词：折旧（摊销）、减值、公允价值、预计负债、完工进度。

考点二：会计政策变更

1. 会计政策变更的情形

（1）法律、行政法规或国家统一的会计制度要求变更；

（2）会计政策的变更能够提供更可靠、更相关的会计信息；

（3）新收入准则、新金融工具准则、新租赁准则。

2. 不属于会计政策变更的情形

（1）本期发生的交易或者事项与以前相比具有本质差别而采用新的会计政策；

（2）对初次发生的或不重要的交易或者事项采用新的会计政策；

（3）改变会计政策后，对损益影响不大。（低值易耗品改变摊销方法）

3. 既不属于会计政策变更，也不属于会计估计变更的情形

（1）增减资导致长期股权投资成本法和权益法相互之间的转换；

（2）金融工具重分类。

🌈 考点三：会计账务处理程序

1. 会计政策变更（追溯调整法）

（1）计算会计政策变更的累积影响数（追溯到最早期）；

（2）不能通过以前年度损益调整科目核算；

（3）调整期初留存收益；

（4）如不能追溯，应当采用未来适用法处理。

【典型案例】投资性房地产核算模式由成本模式转化为公允模式。

2. 会计估计变更（未来适用法）

（1）在会计估计变更当期和未来期间确认会计估计变更影响数；

（2）不需要计算会计政策变更产生的累积影响数，也无需重编以前年度的财务报表，在现有金额的基础上再按新的会计政策进行核算；

（3）如果会计估计的变更仅影响变更当期，有关估计变更的影响应于当期确认（计提坏账准备）；

（4）如果会计估计的变更既影响变更当期又影响未来期间，有关估计变更的影响在当期及以后各期确认（固定资产折旧年限和净残值变化）。

🌈 考点四：前期差错更正

1. 会计处理原则

（1）重要的前期会计差错——追溯重述法；

（2）不重要的前期会计差错——未来适用法。

2. 追溯重述法与追溯调整法的区分

```
                    追溯重述法与追溯调整法的区分
                    ↓                        ↓
    追溯重述法适用于发现前期重大会计差错的更正      追溯调整法适用于会计政策变动
                    ↓                        ↓
    涉及损益的，通过"以前年度损益调整"科目核       涉及损益的，直接通过"盈余公积""利
    算，然后将该科目余额转入"盈余公积""利润       润分配——未分配利润"科目核算，不
    分配——未分配利润"科目                    通过"以前年度损益调整"科目核算
```

第七章 资产负债表日后事项

考点一：资产负债表日后事项的概念

（1）资产负债表日后事项是指资产负债表日至财务报告批准报出日之间发生的有利或不利事项。

（2）资产负债表日后事项不是在这个特定期间内发生的全部事项，而是与资产负债表日存在状况有关的事项（有利或不利事项），或虽然与资产负债表日存在状况无关，但对企业财务状况具有重大影响的事项。

考点二：资产负债表日后事项的分类

1. 调整事项（与上期有关）

（1）在资产负债表日已经存在，资产负债表日后得以证实的事项。

（2）对按资产负债表日存在状况编制的财务报表产生重大影响的事项。

2. 非调整事项（与上期无关）

表明资产负债表日后发生的情况的事项，该事项不影响资产负债日的存在情况，但不加以说明将会影响财务报告使用者做出正确估计和决策。

3. 调整事项与非调整事项的区别

某一事项究竟是调整事项还是非调整事项，主要取决于该事项表明的情况在资产负债表日或资产负债表日以前是否已经存在。若该情况在资产负债表日或之前已经存在，则属于调整事项；反之，则属于非调整事项。

考点三：资产负债表日后调整事项

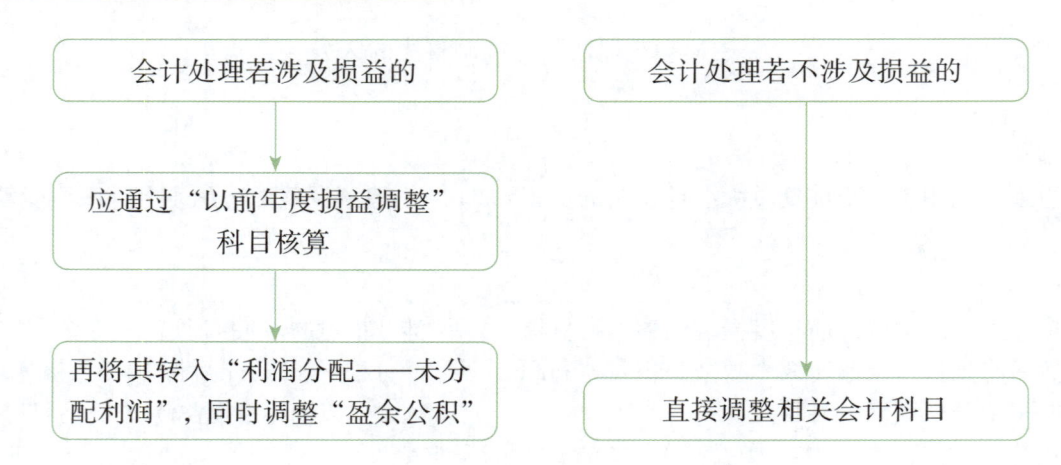

```
会计处理若涉及损益的                    会计处理若不涉及损益的
        ↓                                      ↓
应通过"以前年度损益调整"
     科目核算
        ↓
再将其转入"利润分配——未分
配利润"，同时调整"盈余公积"            直接调整相关会计科目
```

1. 资产负债表日后诉讼案件结案

上年末：

借：营业外支出

　　贷：预计负债

借：递延所得税资产

　　贷：所得税费用

下年初：

借：预计负债（上年度估计赔款）

　　　以前年度损益调整——营业外支出（借或贷）（实际落锤调整赔款数额）

　　贷：其他应付款

借：以前年度损益调整——所得税费用

　　贷：递延所得税资产

借：应交税费——应交所得税

　　贷：以前年度损益调整——所得税费用

2. 资产负债表日后涉及调整坏账准备

借：以前年度损益调整——资产减值损失

　　贷：坏账准备

借：递延所得税资产

　　贷：以前年度损益调整——所得税费用

【Tanya 提示】不涉及"应交税费——应交所得税"科目。

3. 资产负债表日后涉及收入和成本

借：以前年度损益调整——主营业务收入

　　应交税费——应交增值税（销项税额）

　　贷：应收账款／银行存款

借：库存商品

　　贷：以前年度损益调整——主营业务成本

借：应交税费——应交所得税

　　贷：以前年度损益调整——所得税费用

🌈 考点四：资产负债表日后非调整事项

（1）资产负债表日后发生的非调整事项，是表明资产负债表日后发生的情况的事项，与资产负债表日存在状况无关，不应当调整资产负债表日的财务报表。准则要求在附注中披露资产负债表日后事项。

（2）应当在报表附注中披露每项重要的资产负债表日后非调整事项的性质、内容及其对财务状况和经营成果的影响。无法作出估计的，应当说明原因。

（3）考试选择题中涉及的非调整事项描述：

①资产负债表日后发生重大诉讼、仲裁和承诺；

②资产负债表日后资产价格、税收政策、外汇汇率发生重大变化；

③资产负债表日后因自然灾害导致资产发生重大损失；

④资产负债表日后发行股票和债券以及其他巨额举债；

⑤资产负债表日后资本公积转增资本；

⑥资产负债表日后发生巨额亏损；

⑦资产负债表日后发生企业合并或处置子公司；

⑧资产负债表日后企业利润分配方案中拟分配的以及经审议批准宣告发放的股利或利润，不确认为资产负债表的负债，但应在附注中单独披露。

第三篇 冲刺高分篇

第一章 长期股权投资

考点一：长期股权投资的初始计量

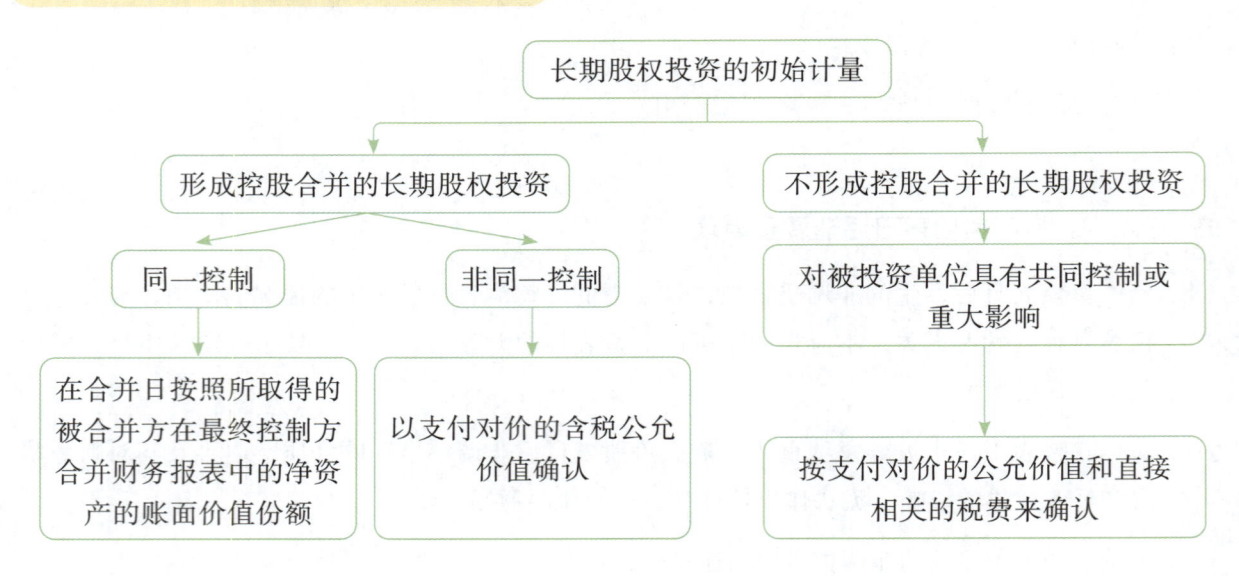

```
                        长期股权投资的初始计量
                    ┌─────────────────┴─────────────────┐
          形成控股合并的长期股权投资              不形成控股合并的长期股权投资
          ┌──────────┴──────────┐                       │
       同一控制              非同一控制          对被投资单位具有共同控制或
          │                      │                   重大影响
   在合并日按照所取得的      以支付对价的含税公允        │
   被合并方在最终控制方      价值确认              按支付对价的公允价值和直接
   合并财务报表中的净资                          相关的税费来确认
   产的账面价值份额
```

项目	企业合并方式		企业合并以外方式
	同一控制下企业合并	非同一控制下企业合并	
	权益结合法	购买法	购买法
初始投资成本	被合并方在最终控制方合并财务报表中的净资产账面价值份额＋最终控制方收购被合并方时形成的商誉（全额）	购买成本	购买成本＋直接相关费用
付出资产发行股票承担债务	按账面价值确认，差额依次计入资本公积、盈余公积、未分配利润	按公允价值确认，公允价值与账面价值差额确认相关资产处置损益、收入、成本、投资收益等科目（参照非货币性资产交换）	按公允价值确认，公允价值与账面价值差额确认相关资产处置损益、收入、成本、投资收益等科目（参照非货币性资产交换）
审计、法律、评估等直接相关费用	管理费用	管理费用	投资成本

发行债券、股票的手续费、佣金	债券：计入债务初始确认金额； 股票：冲减股本溢价收入
金融资产	借：长期股权投资 　　贷：其他权益工具投资/交易性金融资产 　　　　投资收益/留存收益 借：其他综合收益 　　贷：留存收益
发行债券	借：长期股权投资 　　贷：应付债券——面值 　　　　　　　　——利息调整 发行债券相关手续费、佣金等费用： 借：应付债券——利息调整 　　贷：银行存款
发行股票	借：长期股权投资 　　贷：股本 　　　　资本公积——股本溢价 发行股票相关手续费、佣金等费用： 借：资本公积——股本溢价 　　贷：银行存款

考点二：长期股权投资的后续计量

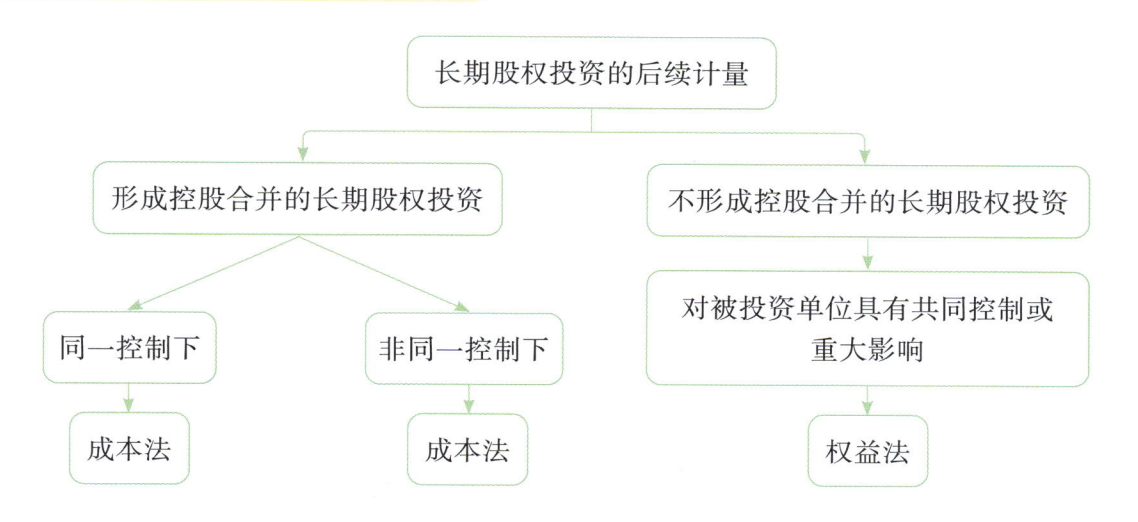

```
              长期股权投资的后续计量
                    │
        ┌───────────┴───────────┐
   形成控股合并的长期股权投资      不形成控股合并的长期股权投资
        │                           │
   ┌────┴────┐                对被投资单位具有共同控制或
 同一控制下  非同一控制下            重大影响
   │            │                   │
  成本法       成本法               权益法
```

业务	成本法	权益法
对初始投资成本的调整	×	借：长期股权投资——投资成本 　贷：营业外收入
被投资企业实现净利润	×	借：长期股权投资——损益调整 　贷：投资收益
被投资企业发生超额亏损	×	借：投资收益 　贷：长期股权投资——损益调整 　　　长期应收款 　　　预计负债
被投资企业宣告分配的现金股利	借：应收股利 　贷：投资收益	借：应收股利 　贷：长期股权投资——损益调整
被投资单位因其他综合收益变动	×	借：长期股权投资——其他综合收益 　贷：其他综合收益
被投资单位除净损益、其他综合收益以及利润分配以外的所有者权益的其他变动	×	借：长期股权投资——其他权益变动 　贷：资本公积

考点三：权益法下调公允及对被投资单位净利润的调整

项目	购买日被投资方可辨认净资产公允价值与账面价值不同	内部交易（顺流、逆流）
存货	调整后的净利润＝被投资方账面净利润－（购买日存货公允价值－购买日存货账面价值）×本期对外出售比例	①交易当期：调整后的净利润＝账面净利润－（存货售价－存货账面价值）×本期留存比例 ②以后各期：调整后的净利润＝账面净利润＋（存货售价－存货账面价值）×本期出售比例
固定资产/无形资产	调整后的净利润＝账面净利润－（按购买日资产公允价值计提折旧数－按账面计提折旧数）	未实现收益＝资产售价－资产成本 ①交易当期：调整后的净利润＝账面净利润－未实现收益＋当期已计提的折旧 ②以后各期：调整后的净利润＝账面净利润＋当期已计提的折旧数

考点四：长期股权投资核算方法的转换

转换形式		个别财务报表	合并财务报表
上升	金融资产计量转换为权益法	借：长期股权投资（公允＋新增） 　　贷：交易性金融资产（账面） 　　　　投资收益（公允与账面差额） 　　　　银行存款（新增）	同个别报表 （仅指金融资产计量转换为成本法）
	金融资产计量转换为成本法	借：长期股权投资（公允＋新增） 　　贷：其他权益工具投资（账面） 　　　　留存收益（公允与账面差额） 　　　　银行存款（新增） 借：其他综合收益 　　贷：留存收益	
	权益法计量转换为成本法	借：长期股权投资（账面＋新增） 　　贷：长期股权投资（账面） 　　　　银行存款（新增）	先卖后买 借：长期股权投资（公允与账面差额） 　　贷：投资收益 借：其他综合收益/资本公积 　　贷：投资收益
下降	权益法转换为金融资产计量	借：交易性金融资产（转换日公允）/ 　　其他权益工具投资（转换日公允） 　　贷：长期股权投资（账面） 　　　　投资收益（差额） 借：其他综合收益/资本公积 　　贷：投资收益	同个别报表
	成本法转换为金融资产计量	借：交易性金融资产（转换日公允）/ 　　其他权益工具投资（转换日公允） 　　贷：长期股权投资（账面） 　　　　投资收益（差额）	
	成本法转换为权益法	★★★要追溯 借：长期股权投资 　　贷：投资收益（当年实现利润） 　　　　留存收益（历年实现利润） 　　　　其他综合收益 　　　　资本公积——其他资本公积	借：长期股权投资（公允－账面） 　　贷：投资收益 借：其他综合收益/资本公积 　　贷：投资收益

【Tanya 提示 1】"金融资产计量转换为成本法"与"权益法计量转换为成本法"，如转换后出现同一控制下企业合并，则需按照"权益结合法"思路核算。

【Tanya 提示 2】成本法转换为金融资产计量在合并报表口径下涉及对部分处置收益的归属期间进行调整的问题，这部分内容属于冷门考点，考生可不予理会。

第二章 合并财务报表

1. 按公允价值调整子公司个别财务报表

业务	第一年	第二年
调整子公司可辨认净资产账面价值	借：固定资产、存货等 　贷：资本公积 　　　递延所得税负债	借：固定资产、存货等 　贷：资本公积 　　　递延所得税负债
调整子公司账面净利润	借：管理费用等 　贷：固定资产——累计折旧 借：营业成本 　贷：存货 借：递延所得税负债 　贷：所得税费用	借：未分配利润——年初 　贷：固定资产——累计折旧 借：未分配利润——年初 　贷：营业成本 借：递延所得税负债 　贷：未分配利润——年初 借：管理费用等 　贷：固定资产——累计折旧 借：营业成本 　贷：存货 借：递延所得税负债 　贷：所得税费用

2. 按权益法调整对子公司的长期股权投资

业务	成本法	权益法	调整分录
取得投资	借：长期股权投资 　贷：银行存款	借：长期股权投资 　贷：银行存款等 借：长期股权投资 　贷：营业外收入	借：长期股权投资 　贷：营业外收入
实现净利润	—	借：长期股权投资 　贷：投资收益	借：长期股权投资（调整后净利润×持股比例） 　贷：未分配利润——年初（以前年度） 　　　投资收益（当年度）

续表

业务	成本法	权益法	调整分录
分配现金股利	借：应收股利 　贷：投资收益	借：应收股利 　贷：长期股权投资	借：未分配利润——年初（以前年度） 　　投资收益（当年度） 　贷：长期股权投资
其他综合收益等	—	借：长期股权投资 　贷：其他综合收益 　　　资本公积	借：长期股权投资 　贷：其他综合收益 　　　资本公积

3. 长期股权投资与子公司所有者权益的抵销、投资收益与子公司利润分配等项目的抵销

借：股本

　　资本公积

　　其他综合收益

　　盈余公积

　　未分配利润——年末

　　商誉

　贷：长期股权投资

　　　少数股东权益

借：投资收益（子公司调整后的净利润×母公司持股比例）

　　少数股东损益（子公司调整后的净利润×少数股东持股比例）

　　未分配利润——年初（子公司）

　贷：提取盈余公积（子公司本年计提的金额）

　　　对所有者（或股东）的分配（子公司本年分配的股利）

　　　未分配利润——年末

【Tanya 提示】归属于少数股东的利润是一项损益，该抵销分录可以理解为合并报表角度子公司净利润的构成情况。

4. 存货内部交易的抵销

时间	个别财务报表		合并财务报表抵销处理
	内部销售方	内部购买方	
第一年	借：银行存款 　　贷：主营业务收入 　　　　应交税费——应交增值税 借：主营业务成本 　　贷：库存商品	假定全部未出售 借：库存商品 　　贷：银行存款 借：资产减值损失 　　贷：存货跌价准备	（1）抵销本期未实现内部交易损益： 借：营业收入 　　贷：营业成本 借：营业成本 　　贷：存货 （2）抵销本期多计提的存货跌价准备： 借：存货——存货跌价准备 　　贷：资产减值损失
第二年	当年新的内部交易： 借：银行存款 　　贷：主营业务收入 　　　　应交税费——应交增值税 借：主营业务成本 　　贷：库存商品	假定出售一部分： 借：银行存款 　　贷：主营业务收入 　　　　应交税费——应交增值税 借：主营业务成本 　　贷：库存商品 借：存货跌价准备 　　贷：主营业务成本 当年： 借：库存商品 　　贷：银行存款 借：资产减值损失 　　贷：存货跌价准备	借：未分配利润——年初 　　贷：营业成本（假定上年留存本年全部出售） 借：存货——存货跌价准备 　　贷：未分配利润——年初 （1）抵销本期未实现内部交易损益： 借：营业收入 　　贷：营业成本（假定当期购入全部销售） 借：营业成本 　　贷：存货（当年购入未出售） （2）抵销本期因销售而多结转的存货跌价准备： 借：营业成本 　　贷：存货——存货跌价准备 （3）抵销本期多计提的存货跌价准备： 借：存货——存货跌价准备 　　贷：资产减值损失

5. 固定资产内部交易的抵销

个别财务报表		合并财务报表抵销处理
内部销售方	内部购买方	
作为固定资产销售： 借：固定资产清理 　　累计折旧 　　固定资产减值准备 　　贷：固定资产 借：银行存款 　　贷：固定资产清理 　　　　应交税费——应交增值税 借：固定资产清理 　　贷：资产处置损益	借：固定资产 　　贷：银行存款 借：管理费用等 　　贷：累计折旧 借：资产减值损失 　　贷：固定资产减值准备	（1）作为固定资产销售： 借：资产处置收益 　　贷：固定资产——原价 作为存货销售： 借：营业收入 　　贷：营业成本 　　　　固定资产——原价 （2）抵销本期多计提的折旧： 借：固定资产——累计折旧 　　贷：管理费用等 （3）抵销本期多计提的减值准备： 借：固定资产——固定资产减值准备 　　贷：资产减值损失

6. 往来款项内部交易的抵销

时间	个别财务报表		合并财务报表抵销处理
	内部债权方	内部债务方	
第一年	借：应收账款 　　贷：主营业务收入 　　　　应交税费——应交增值税 借：信用减值损失 　　贷：坏账准备	借：库存商品 　　贷：应付账款	借：应付账款 　　贷：应收账款 借：应收账款——坏账准备 　　贷：信用减值损失
第二年	补提： 借：信用减值损失 　　贷：坏账准备	—	借：应付账款 　　贷：应收账款 借：应收账款——坏账准备 　　贷：未分配利润——年初 借：应收账款——坏账准备 　　贷：信用减值损失

7. 涉及所得税问题

第一年	第二年
借：营业收入 　　贷：营业成本 借：营业成本 　　贷：存货	借：未分配利润——年初 　　贷：营业成本 借：营业收入 　　贷：营业成本 借：营业成本 　　贷：存货
借：递延所得税资产 　　贷：所得税费用	借：递延所得税资产 　　贷：未分配利润——年初 借：递延所得税资产 　　贷：所得税费用

第三章 收入

【Tanya 提示】五步法模型。

第一步：识别与客户订立的合同。

第二步：识别合同中的单项履约义务。

第三步：确定合同交易价格。

第四步：将交易价格分摊至各单项履约义务。

第五步：履行各单项履约义务时确认收入。

考点一：识别与客户订立的合同

1. 合同合并

企业与同一客户同时订立或在相近时间内先后订立的两份或多份合同，在满足下列条件之一时，应当合并为一份合同进行会计处理：

（1）该两份或多份合同基于同一商业目的而订立并构成一揽子交易；

（2）该两份或多份合同中的一份合同的对价金额取决于其他合同的定价或履行情况；

（3）该两份或多份合同中所承诺的商品构成单项履约义务。

【Tanya 提示】两份或多份合同合并为一份合同进行会计处理的，仍然需要区分合并后合同中包含的各单项履约义务。

2. 合同变更

（1）基本概念：是指经合同各方批准对原合同范围或价格作出的变更。

（2）常见考点：

①作为单独的新合同——增加了可明确区分的商品及合同价款和新增合同价款，反映了新增商品单独售价；

②原合同终止，新合同成立——增加了可明确区分的商品和新增合同价款，未反映新增商品单独售价；

③作为原合同组成部分——合同变更日已转让商品与未转让商品不可明确区分。

🌈 **考点二：识别合同中的单项履约义务**

条件①：客户能够从该商品本身或者从该商品与其他易于获得的资源一起使用中受益，即该商品能够明确区分。**（商品层面可区分）**

条件②：企业向客户转让该商品的承诺与合同中其他承诺可单独区分，即转让该商品的承诺在合同中是可明确区分的。**（合同层面可区分）**

√ 同时满足 ➡ 可明确区分

× 未同时满足 ➡ 不可明确区分

🌈 **考点三：确定合同交易价格**

1. 可变对价

（1）最佳估计数。

①期望值法；（大量合同+多个结果）

②可能发生金额法。（仅有两个可能结果）

（2）包含可变对价的交易价格，应当不超过在相关不确定性消除时，累计已确认的收入极可能不会发生重大转回的金额。

2. 重大融资成分

（1）合同中存在重大融资成分的，企业应当按照假定客户在取得商品控制权时即以现金支付的应付金额（现销价格）确定交易价格。

（2）会计处理。

①分期收款销售商品：为客户提供重大融资利益。（先发货，后收款）

借：长期应收款（合同价格）

　　贷：主营业务收入（现销价格）

　　　　未实现融资收益（差额）

借：未实现融资收益

　　贷：财务费用

②客户支付预付款的销售：为销售方提供重大融资利益（先收款，后发货）

借：银行存款（预收款）

　　未确认融资费用（差额）

　　贷：合同负债（未来交付产品的价款）

借：财务费用

　　贷：未确认融资费用

3. 非现金对价

（1）通常按照合同开始日的公允价值确定交易价格。

（2）非现金对价公允价值发生变动。

①因为对价的形式原因——不计入交易价格；

②因为对价的形式以外的原因——作为可变对价，计入交易价格。

4. 应付客户对价

（1）企业在为客户提供商品，收取相应对价的同时支付给客户一定的对价。

（2）考试规律。

①为了自客户处取得其他可明确区分的商品的款项——确认所购买商品；

②除①外——冲减交易价格。

考点四：将交易价格分摊至各单项履约义务

（1）分摊原则：合同中包含两项或多项履约义务的，企业应当在合同开始日，按照各单项履约义务所承诺商品的单独售价的相对比例，将交易价格分摊至各单项履约义务；

（2）针对合同折扣，企业应当在各单项履约义务之间按比例分摊；

（3）合同中包含可变对价的，该可变对价可能与整个合同相关，也可能仅与合同中的某一特定组成部分有关（按相关性原则分摊）。

考点五：履行各单项履约义务时确认收入

1. 履约义务的实现方式

（1）在某一时段内履行：通过确定履约进度，在履约义务履行的期间内分期确认收入。

（2）在某一时点履行：在客户取得相关商品控制权时点确认收入。

2. 某一时段履约义务的判断（满足之一即可，否则为某一时点履约义务）

（1）客户在企业履约的同时即取得并消耗企业履约所带来的经济利益。（边履约，边受益）——联想：货物运输。

（2）客户能够控制企业履约过程中在建的商品。（边履约，边控制）——联想：厂房建造。

（3）企业履约过程中所产出的商品具有不可替代用途，且该企业在整个合同期间内有权就累计至今已完成的履约部分收取款项。（不可替代用途＋合同收款权利）——联想：大客户DIY。

考点六：合同成本

1. 合同履约成本

（1）预期能够收回且与合同直接相关的各种成本：（直接人工、直接材料）

　　① 该成本与一份当前或预期取得的合同直接相关；

　　② 该成本增加了企业未来用于履行履约义务的资源；

　　③ 该成本预期能够收回。

（2）企业应当在下列支出发生时，将其计入当期损益：

　　① 管理费用，除非这些费用明确由客户承担；

　　② 非正常消耗的直接材料、直接人工；

　　③ 与履约义务中已履行部分相关的支出，即与企业过去的履约活动有关；

　　④ 无法在尚未履行的与已履行的履约义务之间区分的相关支出。

2. 合同取得成本

（1）为取得合同发生的、预期能够收回的增量成本。

【Tanya提示】增量成本：是指企业不取得合同就不会发生的成本，如销售佣金等。

（2）企业应当在下列支出发生时，将其计入当期损益：

　　① 差旅费；

　　② 投标费；

　　③ 为准备投标资料发生的相关费用等。（除非这些支出明确由客户承担）

3. 合同资产与合同负债

（1）合同资产：企业已向客户转让商品而有权收取对价的权利，且该权利取决于时间流逝之外的其他因素。

（2）合同负债：企业已收或应收客户对价而应向客户转让商品的义务。

🌈 考点七：特定交易的会计处理

1. 附有销售退回条款的销售

（1）收入确认。

①对于附有销售退回条款的销售，企业应当在客户取得相关商品控制权时，按照因向客户转让商品而预期有权收取的对价金额（即不包含预期因销售退回将退还的金额）确认收入。

【Tanya提示】确认主营业务收入金额＝售价×（总数量－退货数量）

②按照预期因销售退回将退还的金额确认负债。（预计负债）

【Tanya提示】确认预计负债金额＝售价×退货数量

（2）成本结转。

①按照预期将退回商品转让时的账面价值，扣除收回该商品预计发生的成本（包括退回商品的价值减损）后的余额，确认为一项资产。

【Tanya提示】应收退货成本＝单位成本×退货数量

②按照所转让商品转让时的账面价值，扣除上述资产成本的净额结转成本。

【Tanya提示】结转主营业务成本金额＝单位成本×（总数量－退货数量）

（3）每一资产负债表日，企业应当重新估计未来销售退回情况，如有变化，应当作为会计估计变更进行会计处理。

2. 附有质量保证条款的销售

（1）法定型质保，按照或有事项的规定进行会计处理。

借：销售费用
　　贷：预计负债

（2）服务型质保（额外延保），作为单项履约义务，将交易价格分摊至该项履约义务，在履行履约义务时确认相应的收入。

借：银行存款
　　贷：合同负债

借：合同负债
　　贷：主营业务收入

3. 主要责任人和代理人

企业应当根据其在向客户转让商品前是否拥有对该商品的控制权，来判断其从事交易时的身份是主要责任人还是代理人：

（1）有控制权——主要责任人，按总额确认收入；

（2）无控制权——代理人，按净额确认收入。

4. 附有客户额外购买选择权的销售

（1）选择权构成重大权利——构成单项履约义务，将交易价格分摊至各单项履约义务中，当客户行使选择权时确认相应的收入。（送积分、大额优惠券）

（2）选择权不构成重大权利——不构成单项履约义务，仅在该客户行使该选择权购买额外商品或服务时，按商品折扣后金额确认收入。（大众优惠券）

5. 授予知识产权许可

【Tanya提示】知识产权许可包括软件和技术、影视和音乐等的版权、特许经营权以及专利权、商标权等。

（1）单独授予：作为单项履约义务。

（2）授予+销售商品。

　　①可明确区分：作为单项履约义务；

　　②不可明确区分：和其他商品一同作为单项履约义务。

（3）基于销售或使用情况的特许权使用费。

企业向客户授予知识产权许可，并约定按客户实际销售或使用情况收取特许权使用费的，应当在下列两项孰晚的时点确认收入：

　　①客户后续销售或使用行为实际发生；

　　②企业履行相关履约义务。

6. 售后回购

（1）销售商品时控制权未转移——不确认收入。

　　①回购价格＜原售价：构成租赁交易；

　　②回购价格≥原售价：构成融资交易。（假出售、真融资）

（2）企业附有应客户要求回购商品的义务。

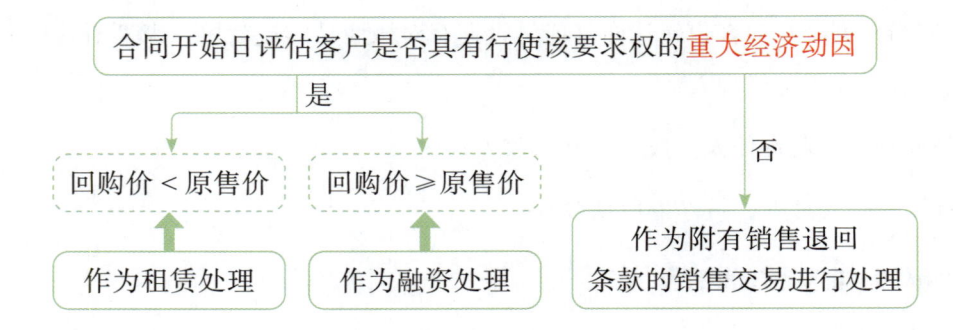

```
                    合同开始日评估客户是否具有行使该要求权的重大经济动因
                         │是                                    │否
              ┌──────────┴──────────┐                           │
        回购价＜原售价          回购价≥原售价                作为附有销售退回
              ↑                     ↑                      条款的销售交易进行处理
         作为租赁处理           作为融资处理
```

7. 客户未行使的权利

（1）预计客户会行使合同权利对应的预收款：客户行使权利时确认相应收入；

（2）预计客户不会行使合同权利部分对应的预收款。

　　①预期有权获得这部分对应的预收款：根据客户行使合同权利的模式按比例将上述金额确认为收入；

　　②预期无权获得这部分对应的预收款：只有在客户要求其履行剩余权利的可能性极低时，才能将负债的相关余额转为收入。

8. 无须退回的初始费

　　企业在合同开始日向客户收取的无须退回的初始费通常包括入会费、接驳费、初装费等。企业应当评估该初始费是否与向客户转让已承诺的商品相关：

（1）相关。

　　①构成单项履约义务——在转让该商品时，按照分摊至该商品的交易价格确认收入；

　　②不构成单项履约义务——在包含该商品的单项履约义务履行时，按照分摊至该单项履约义务的交易价格确认收入。

（2）不相关。

　　该初始费应当作为未来将转让商品的预收款，在未来转让该商品时确认为收入。

第四章 金融资产

考点一：金融资产的分类

1. 分类标准

业务模式	模式一	以收取合同现金流量为目标（持有）
	模式二	以收取合同现金流量和出售金融资产为目标（持有＋出售）
	模式三	其他（除模式一和模式二之外）
合同现金流量		相关金融资产在特定日期产生的合同现金流量仅为对本金和以未偿付本金金额为基础的利息的支付（本金＋利息）

2. 金融资产分类

债券投资	第一类	以摊余成本计量的金融资产	应收账款／债权投资
	第二类	以公允价值计量且其变动计入其他综合收益的金融资产	其他债权投资
	第三类	以公允价值计量且其变动计入当期损益的金融资产	交易性金融资产
股票投资	第一类	以公允价值计量且其变动计入当期损益的金融资产	交易性金融资产
	第二类	指定为以公允价值计量且其变动计入其他综合收益的金融资产	其他权益工具投资

考点二：金融资产的计量

类别		交易性金融资产	其他权益工具投资
取得	债券	借：交易性金融资产——成本（公允价值） 　　投资收益（交易费用） 　　应收利息 　贷：银行存款	—
	股票	借：交易性金融资产——成本 　　投资收益（交易费用） 　　应收股利 　贷：银行存款	借：其他权益工具投资——成本（公允价值） 　　应收股利 　贷：银行存款

续表

类别		交易性金融资产	其他权益工具投资
持有期间	宣告	借：应收股利／应收利息 　贷：投资收益	借：应收股利 　贷：投资收益
	资产负债表日	借：交易性金融资产——公允价值变动 　贷：公允价值变动损益（或借）	借：其他权益工具投资——公允价值变动 　贷：其他综合收益（或借）
处置		借：银行存款 　贷：交易性金融资产——成本 　　　　　　　　　　——公允价值变动 　　　　投资收益	借：银行存款 　贷：其他权益工具投资——成本 　　　　　　　　　　——公允价值变动 　　　　留存收益 借：其他综合收益（或贷） 　贷：留存收益

类别		债权投资	其他债权投资
取得债券		借：债权投资——成本（面值） 　　　　　　——利息调整（倒挤） 　　　应收利息 　贷：银行存款	借：其他债权投资——成本（面值） 　　　　　　　　——利息调整（倒挤） 　　　应收利息 　贷：银行存款
持有期间	计提利息	借：应收利息 　贷：投资收益 　　　债权投资——利息调整（或借）	借：应收利息 　贷：投资收益 　　　其他债权投资——利息调整（或借）
	资产负债表日	—	借：其他债权投资——公允价值变动 　贷：其他综合收益（或借）
	减值	借：信用减值损失 　贷：债权投资减值准备	借：信用减值损失 　贷：其他综合收益

续表

类别	债权投资	其他债权投资
处置	借：银行存款 　　债权投资减值准备 　贷：债权投资——成本 　　　　　　——利息调整 　　　投资收益	借：银行存款 　贷：其他债权投资——成本 　　　　　　　　——公允价值变动 　　　　　　　　——利息调整 　　　投资收益 借：其他综合收益（或贷） 　贷：投资收益

🌈 考点三：金融资产的重分类

1. 债权投资——其他债权投资

（1）处理原则。

　①账面按重分类日的 公允价值 进行计量；

　②原账面与重分类日公允价值之间的差额计入 其他综合收益 ；

　③重分类前计提的减值准备转到对应科目。

（2）会计分录。

　借：其他债权投资——成本
　　　　　　　　——利息调整
　　　　　　　　——公允价值变动
　　贷：债权投资——成本
　　　　　　　——利息调整
　　　其他综合收益——其他债权投资公允价值变动（或借）

借：债权投资减值准备
　贷：其他综合收益——信用减值准备

2. 债权投资——交易性金融资产

（1）处理原则。

　①账面按重分类日的 公允价值 进行计量；

　②原账面与重分类日公允价值之间的差额计入 当期损益 。

（2）会计分录。

　借：交易性金融资产——成本

　　　　　债权投资减值准备

　　　　贷：债权投资——成本

　　　　　　　　——利息调整

　　　　　　公允价值变动损益

3. 其他债权投资——债权投资

（1）处理原则。

　　①视同该金融资产一直以摊余成本计量调整其账面价值；

　　②将之前计入其他综合收益的累计利得或损失转出；

　　③重分类前计提的减值准备转到对应科目。

（2）会计分录。

　　借：债权投资——成本

　　　　　　　——利息调整

　　　　贷：其他债权投资——成本

　　　　　　　　　　　——利息调整

　　借：其他综合收益——其他债权投资公允价值变动

　　　　贷：其他债权投资——公允价值变动

　　借：其他综合收益——信用减值准备

　　　　贷：债权投资减值准备

4. 其他债权投资——交易性金融资产

（1）处理原则。

　　①继续以公允价值计量；

　　②之前计入其他综合收益的累计利得或损失从其他综合收益转入损益。

（2）会计分录。

　　借：交易性金融资产

　　　　贷：其他债权投资——成本

　　　　　　　　　　　——利息调整

　　　　　　　　　　　——公允价值变动

　　借：其他综合收益——其他债权投资公允价值变动（或贷）

　　　　　　　　　——信用减值准备

　　　　贷：公允价值变动损益

5. 交易性金融资产——债权投资

（1）处理原则：将重分类日的公允价值作为新的账面余额。

（2）会计分录。

借：债权投资——成本
　　　　　　——利息调整
　　贷：交易性金融资产
借：信用减值损失
　　贷：债权投资减值准备

6. 交易性金融资产——其他债权投资

（1）处理原则：继续以公允价值计量。

（2）会计分录。

借：其他债权投资——成本
　　　　　　　　——利息调整
　　贷：交易性金融资产
借：信用减值损失
　　贷：其他综合收益——信用减值准备

第五章　租赁

考点一：租赁基本概念

1. 租赁构成三要素

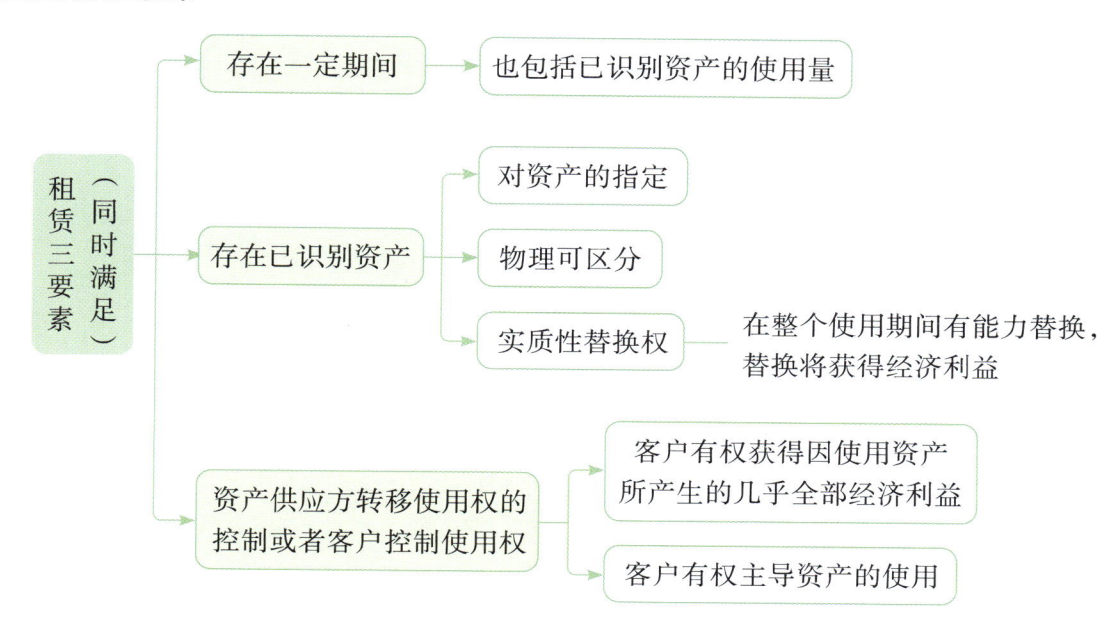

租赁三要素（同时满足）：
- 存在一定期间 → 也包括已识别资产的使用量
- 存在已识别资产
  - 对资产的指定
  - 物理可区分
  - 实质性替换权 —— 在整个使用期间有能力替换，替换将获得经济利益
- 资产供应方转移使用权的控制或者客户控制使用权
  - 客户有权获得因使用资产所产生的几乎全部经济利益
  - 客户有权主导资产的使用

2. 租赁的分拆

（1）合同中同时包含多项单独租赁的，承租人和出租人应当将合同予以分拆，并分别进行会计处理。

（2）合同中同时包含租赁和非租赁部分的，承租人和出租人应当将租赁和非租赁部分进行分拆。

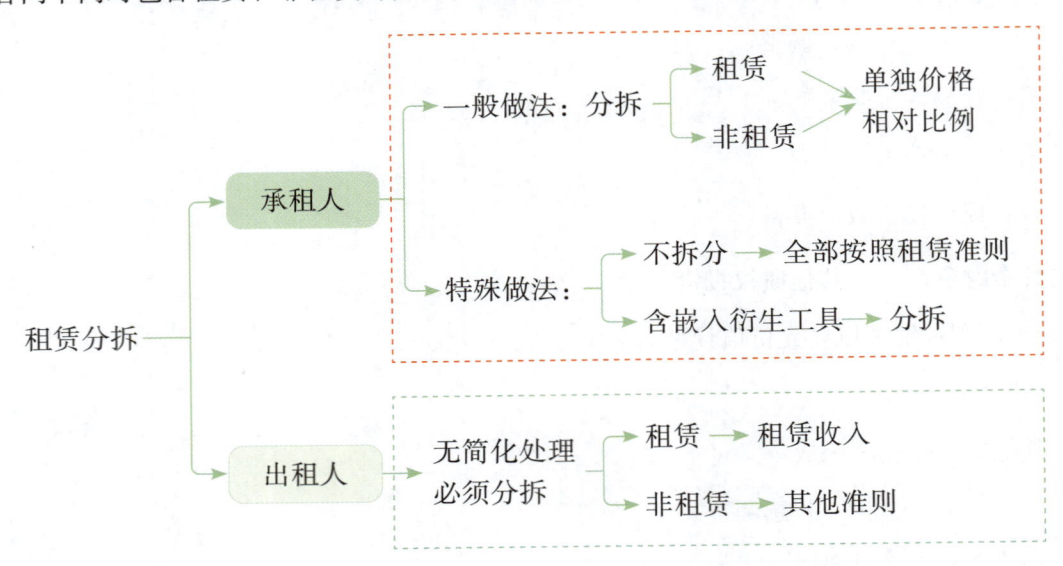

```
                        ┌─ 一般做法：分拆 ─┬─ 租赁 ──┐
                        │                  └─ 非租赁 ┘  单独价格相对比例
              ┌─ 承租人 ─┤
              │         │                  ┌─ 不拆分 → 全部按照租赁准则
              │         └─ 特殊做法 ───────┤
租赁分拆 ─────┤                            └─ 含嵌入衍生工具 → 分拆
              │
              │         无简化处理   ┌─ 租赁 → 租赁收入
              └─ 出租人  必须分拆 ───┤
                                    └─ 非租赁 → 其他准则
```

3. 租赁期

（1）承租人合理确定将行使购买选择权，则租赁期为资产的整个使用寿命期。

（2）租赁期包含出租人给予承租人的免租期。

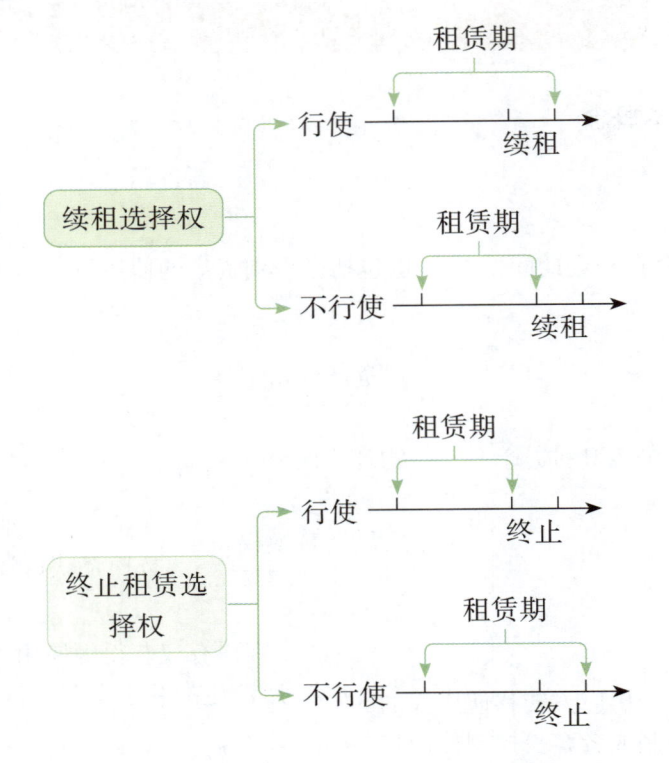

续租选择权：
- 行使 → 租赁期（含续租）
- 不行使 → 租赁期（至续租前）

终止租赁选择权：
- 行使 → 租赁期（至终止）
- 不行使 → 租赁期（至终止后）

🌈 **考点二：承租人的会计处理**

1. 初始计量

借：使用权资产

租赁负债——未确认融资费用（租赁负债－租赁负债现值）

贷：租赁负债——租赁付款额（尚未支付的租赁付款额）

预付账款（在租赁期开始日之前支付的租赁付款额－已享受的租赁激励）

银行存款（初始直接费用＋在租赁期开始日支付的首笔租赁付款额）

预计负债（恢复原状等预计将发生的成本的现值）

【Tanya 提示】关于使用权资产的入账金额：

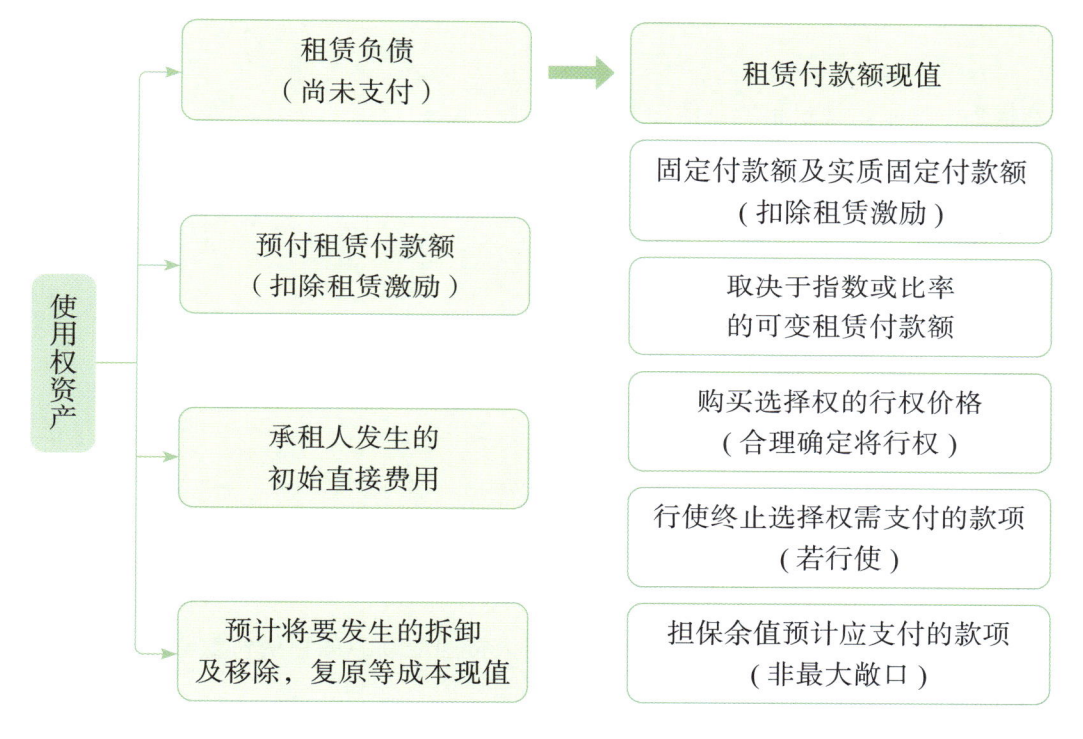

```
                    ┌─ 租赁负债（尚未支付） ─→ 租赁付款额现值
                    │                              ┌─ 固定付款额及实质固定付款额（扣除租赁激励）
                    │                              ├─ 取决于指数或比率的可变租赁付款额
使用权资产 ─────────┤─ 预付租赁付款额（扣除租赁激励）├─ 购买选择权的行权价格（合理确定将行权）
                    │                              ├─ 行使终止选择权需支付的款项（若行使）
                    ├─ 承租人发生的初始直接费用    └─ 担保余值预计应支付的款项（非最大敞口）
                    │
                    └─ 预计将要发生的拆卸及移除，复原等成本现值
```

2. 后续计量

（1）常规情形。

情形	会计分录	Tanya 考点提示
摊销未确认融资费用	借：财务费用等 贷：租赁负债——未确认融资费用	类似实际利率法摊销
支付租赁付款额	借：租赁负债——租赁付款额 贷：银行存款	类似实际利率法摊销

续表

情形	会计分录	Tanya考点提示
计提折旧	借：按受益对象分摊 贷：使用权资产累计折旧	自租赁期开始当月计提折旧
计提减值	借：资产减值损失 贷：使用权资产减值准备	后续不得转回
租赁资产改良支出	借：长期待摊费用 贷：银行存款	不计入使用权资产
可变租赁付款额 （与指数或比率不相关）	借：按受益对象分摊 贷：银行存款	不计入租赁负债

（2）特殊情形——重新计量租赁负债。

①租赁负债增加时：

借：使用权资产

　　租赁负债——未确认融资费用

贷：租赁负债——租赁付款额

②租赁负债减少时：

借：租赁负债——租赁付款额

贷：使用权资产

　　租赁负债——未确认融资费用

【Tanya提示1】当租赁付款额发生变动时，承租人按照变动后的租赁付款额现值重新计量租赁负债，并相应调整使用权资产。

【Tanya提示2】如使用权资产的账面价值已调减至零，但租赁负债仍需进一步调减的，承租人应当将剩余金额计入当期损益。

考点三：出租人的会计处理

1. 初始计量

借：应收融资租赁款——租赁收款额

　　　　　　　　　——未担保余值

贷：银行存款（初始直接费用）

融资租赁资产（账面价值）

资产处置损益（公允价值－账面价值）

应收融资租赁款——未实现融资收益（倒挤金额）

【Tanya 提示 1】应收融资租赁款为租赁投资总额。

【Tanya 提示 2】初始直接费用＋融资租赁资产公允价值＝租赁投资净额（现值）。

2. 后续计量

情形	会计分录	Tanya 考点提示
确认租赁期内各期利息收入	借：应收融资租赁款——未实现融资收益 贷：租赁收入／其他业务收入	—
收到租赁收款额	借：银行存款 贷：应收融资租赁款——租赁收款额	—
计提减值	借：信用减值损失 贷：应收融资租赁款减值准备	减值可以转回
可变租赁付款额 （与指数或比率不相关）	借：银行存款 贷：租赁收入／其他业务收入	—

第六章 非货币性资产交换

考点一：非货币性资产交换的认定

（1）货币性资产：企业持有的货币资金和收取固定或可确定金额的货币资金的权利，包括现金、银行存款、应收账款和应收票据等。

（2）非货币性资产：货币性资产以外的资产。包括存货（原材料、包装物、低值易耗品、库存商品等）、固定资产、在建工程、生产性生物资产、无形资产、投资性房地产、长期股权投资等。

（3）在涉及少量补价的情况下，以补价占整个资产交换金额的比例低于 25%（注意不含 25%）作为参考。如果高于 25%（含 25%），则视为以货币性资产取得非货币性资产，适用收入准则等其他一些准则。

①收到补价的企业：收到的补价／换出资产公允价值＜25%。

②支付补价的企业：支付的补价／（支付的补价＋换出资产公允价值）＜25%。

考点二：以公允价值计量的非货币性资产交换的会计处理

1. 换入资产的成本

（1）换入资产成本=换出资产不含税公允价值+支付的不含税补价（－收到的不含税补价）+为换入资产应支付的相关税费。

（2）换入资产成本=换出资产含税公允价值+支付的银行存款（－收到的银行存款）－可抵扣的增值税进项税额+为换入资产应支付的相关税费。

【Tanya提示】换出资产公允价值不能可靠计量，用换入资产公允价值作为基数推算。

2. 换出资产的公允价值与其账面价值之间的差额

（1）换出资产为存货：以其公允价值确认收入，同时结转相应的成本。

（2）换出资产为固定资产、无形资产：公允价值与换出资产账面价值的差额，计入资产处置损益。

（3）换出资产为长期股权投资、金融资产：换出资产公允价值与其账面价值的差额，计入投资收益。

（4）换出资产为投资性房地产：以其公允价值确认其他业务收入，同时结转其他业务成本。

考点三：以账面价值计量的非货币性资产交换的会计处理

1. 换入资产的成本

换入资产成本=换出资产的账面价值+按税法规定计算的销项税额+支付的补价+支付的相关税费－可以抵扣的增值税进项税额－收到的补价

2. 此类非货币性资产交换，对换出资产不确认销售损益或资产处置损益

第七章 债务重组

考点一：债务重组情形的辨识

（1）债务重组，是指在不改变交易对手方的情况下，经债权人和债务人协定或法院裁定，就清偿债务的时间、金额或方式等重新达成协议的交易。

（2）债务重组不强调在债务人发生财务困难的背景下进行，也不论债权人是否作出让步。只要债权人和债务人就债务条款重新达成了协议，就符合债务重组的定义。

【Tanya提示】债权人在减免债务人部分债务本金的同时提高剩余债务的利息，或者债权人同意债务人用等值库存商品抵偿到期债务等，均属于债务重组。

考点二：债务重组的会计处理

1. 以金融资产清偿债务

◆ 债权人账务处理：

借：银行存款/其他债权投资/其他权益工具投资等（金融资产公允价值）

　　坏账准备

　　投资收益（金融资产公允价值与债权账面价值的差额）

　　贷：应收账款（账面余额）

◆ 债务人账务处理：

借：应付账款（账面价值）

　　贷：银行存款/其他债权投资/其他权益工具投资等（账面价值）

　　　　投资收益（债务的账面价值－偿债金融资产账面价值）

同时，

借：其他综合收益

　　贷：投资收益（其他债权投资清偿债务）

　　　　盈余公积/利润分配（其他权益工具投资清偿债务）

2. 以非金融资产清偿债务

◆ 债权人账务处理：

借：库存商品/固定资产等（放弃债权的公允价值＋相关税费－进项税额）

　　应交税费——应交增值税（进项税额）

　　坏账准备

　　投资收益（放弃债权的公允价值与账面价值之间的差额）

　　贷：应收账款

　　　　银行存款（相关税费）

◆ 债务人账务处理：

借：应付账款（账面价值）

　　贷：库存商品/无形资产/固定资产清理（账面价值）

　　　　应交税费——应交增值税（销项税额）

　　　　其他收益——债务重组收益（债务账面价值－资产账面价值－销项税额）

3. 以多项资产清偿债务

◆ 债权人账务处理：

借：交易性金融资产（按公允价值直接确认）

　　　　库存商品（分配确认）

　　　　固定资产（分配确认）

　　　　坏账准备

　　　　投资收益（放弃债权的公允价值与账面价值之间的差额）

　　　贷：应收账款

　　　　　银行存款（相关税费）

◆债务人账务处理：

　　借：应付账款（账面价值）

　　　贷：库存商品／无形资产／交易性金融资产等（账面价值）

　　　　　其他收益——债务重组收益（债务账面价值–资产账面价值）

4. 债务转为权益工具

◆债权人账务处理：

（1）长期股权投资。（联营或合营企业）

　　借：长期股权投资（放弃债权公允价值＋直接相关税费）

　　　　坏账准备

　　　贷：应收账款等

　　　　　银行存款等（支付的直接相关税费）

　　　　　投资收益（放弃债权公允价值与账面价值的差额）

（2）交易性金融资产。

　　借：交易性金融资产（交易性金融资产公允价值）

　　　　投资收益（交易费用）

　　　　坏账准备

　　　贷：应收账款等

　　　　　银行存款（支付的交易费用）

　　　　　投资收益（差额）

（3）其他权益工具投资。

　　借：其他权益工具投资（其他权益工具投资的公允价值＋交易费用）

　　　　坏账准备

　　　　投资收益（差额）

　　　贷：应收账款等

　　　　　银行存款（支付的交易费用）

◆债务人账务处理：

借：应付账款

　　贷：实收资本

　　　　资本公积——资本溢价（或股本溢价）

　　　　银行存款（支付相关税费）

　　　　投资收益（清偿债务账面价值－权益工具金额）

5. 修改其他条款

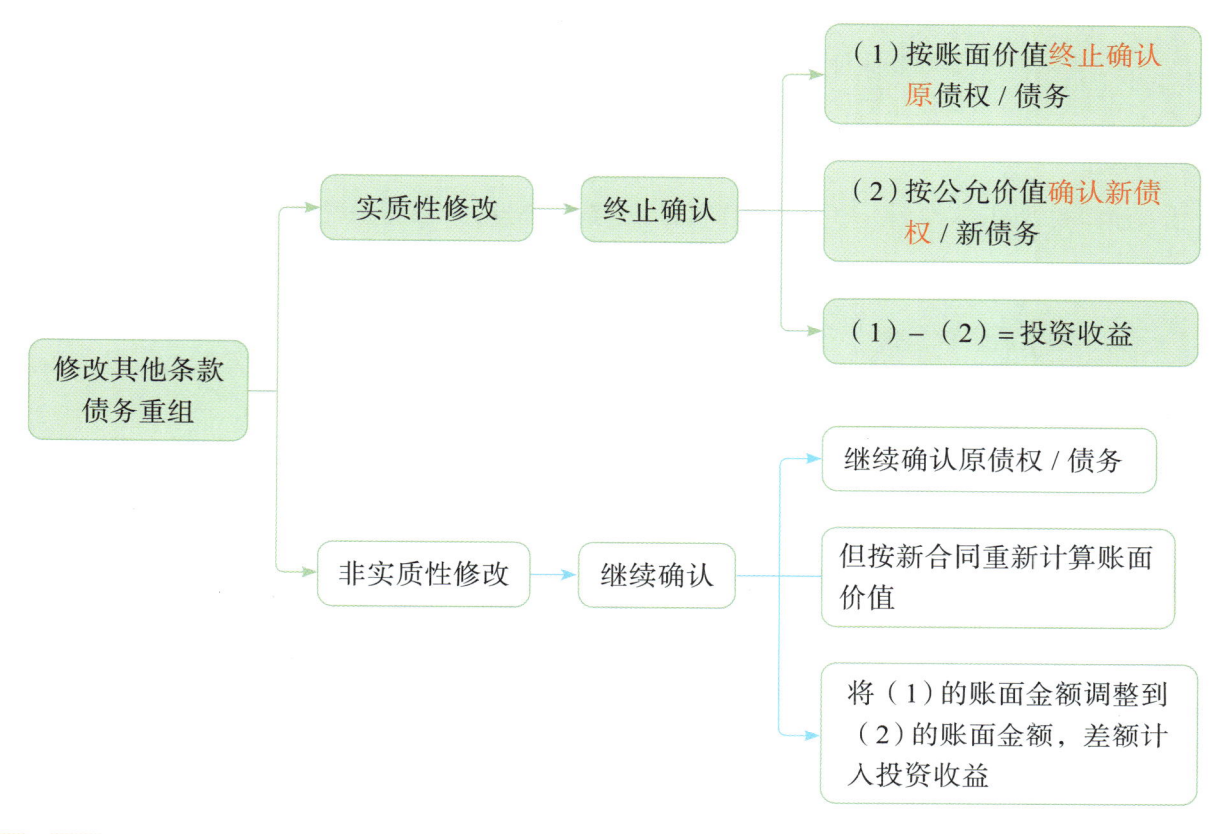

```
                              ┌─ 终止确认 ─┬─ （1）按账面价值终止确认原债权/债务
                              │            │
              ┌─ 实质性修改 ──┤            ├─ （2）按公允价值确认新债权/新债务
              │               │            │
修改其他条款  │               │            └─ （1）－（2）＝投资收益
债务重组      │
              │                            ┌─ 继续确认原债权/债务
              │                            │
              └─ 非实质性修改 ─ 继续确认 ──┼─ 但按新合同重新计算账面价值
                                           │
                                           └─ 将（1）的账面金额调整到（2）的账面金额，差额计入投资收益
```

第八章　所得税费用

【Tanya 提示】应纳税暂时性差异与可抵扣暂时性差异的概述如下图所示。

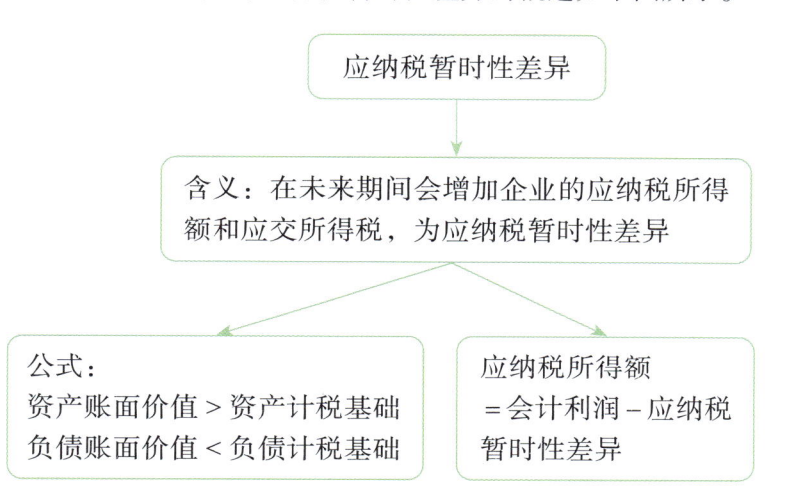

```
                   应纳税暂时性差异
                          │
         含义：在未来期间会增加企业的应纳税所得额和应交所得税，为应纳税暂时性差异
                    ┌─────┴─────┐
      公式：                   应纳税所得额
      资产账面价值＞资产计税基础  ＝会计利润－应纳税
      负债账面价值＜负债计税基础  暂时性差异
```

```
                    ┌──────────────────┐
                    │  可抵扣暂时性差异  │
                    └────────┬─────────┘
                             ↓
          ┌─────────────────────────────────────┐
          │ 含义：在未来期间会减少企业的应纳税所得 │
          │ 额和应交所得税，为可抵扣暂时性差异    │
          └──────┬───────────────────────┬──────┘
                 ↓                       ↓
       ┌──────────────────┐   ┌──────────────────┐
       │ 公式：            │   │ 应纳税所得额      │
       │ 资产账面价值<资产计税基础│   │ =会计利润+可抵扣   │
       │ 负债账面价值>负债计税基础│   │ 暂时性差异        │
       └──────────────────┘   └──────────────────┘
```

相关会计处理：

借：所得税费用　　　　　　　　（会计利润－永久性差异）×所得税税率

　　递延所得税资产　　　　　　（当期可抵扣暂时性差异×所得税税率）

贷：递延所得税负债　　　　　　（当期应纳税暂时性差异×所得税税率）

　　应交税费

🌈 考点一：永久性差异

（1）超过扣除标准的职工福利费（工资总额的14%）、工会经费（工资总额的2%）。

（2）业务招待费允许扣除60%，但最高不超过销售（营业）收入的5‰。

（3）符合条件的内部研究开发支出费用化加计扣除部分。

（4）罚款、滞纳金。

（5）非广告性赞助。

（6）向非金融企业借款超过同期同类银行贷款利率的借款利息不予扣除。

（7）权益性投资的股利所得持有期超过12个月免税（但转让所得不免税）。

（8）国债利息收入。

🌈 考点二：暂时性差异

类别	导致差异原因	差异处理
固定资产	累计折旧	递延所得税资产 递延所得税负债
	固定资产减值准备	递延所得税资产

续表

类别	导致差异原因	差异处理
无形资产	内部研发未形成无形资产	永久性差异
	内部研发形成无形资产	暂时性差异（不确认递延所得税资产）
交易性金融资产	公允价值变动	递延所得税资产 递延所得税负债
其他权益工具投资	公允价值变动	递延所得税资产 递延所得税负债
		影响其他综合收益
债权投资	债权投资减值准备	递延所得税资产
其他债权投资	公允价值变动	递延所得税资产 递延所得税负债
		影响其他综合收益
	其他综合收益（减值）	递延所得税资产
投资性房地产	成本模式计量	同固定资产
	公允模式计量	递延所得税资产 递延所得税负债
广告宣传费	纳税调增部分（营业收入×15%）	递延所得税资产
公益性捐赠	超过年度利润总额12%的部分	递延所得税资产
未弥补亏损	税法规定可以结转以后年度的未弥补亏损	递延所得税资产

考点三：企业合并涉及的递延所得税

（1）除直接计入所有者权益的交易或事项以及企业合并外，在确认递延所得税负债的同时，应增加利润表中的所得税费用。

（2）企业合并业务发生时确认的资产、负债初始计量金额与其计税基础不同所形成的暂时性差异。

①免税合并。

税法规定，企业合并时，股权支付金额不低于其交易支付总额85%的情形下，被合并方免交企业所得税，即免税合并。

A公司为合并B公司，支付合并对价10 200万元，其中，200万元为现金，其余部分是以A公司自身权益工具2 000万股普通股作为对价，A公司股票面值为每股1元，公允价值为每股5元，所以股权支付额10 000万元/交易支付总额10 200万元＝98%＞85%，该合并为免税合并。

②应税合并。

非同一控制下企业控股合并，合并报表认可购买日子公司资产、负债的公允价值，子公司的资产、负债的公允价值和计税基础相同，即在合并报表层面，子公司资产、负债的账面价值和计税基础是一致的，所以对于购买日子公司资产、负债评估增值的部分，不确认递延所得税。